LERNE WER DU BIST

Mehr Bäume. Weniger CO_2.
www.cpi-print.de/umwelt

MIX
Papier aus verantwortungsvollen Quellen
FSC® C083411
www.fsc.org

Baraa Bolat:
Lerne wer du bist

www.edition-a.at

Cover: Bastian Welzer
Satz: Isabella Starowicz
Lektorat: Sophia Voipini de Maestre

Gesetzt in der Premiera
Gedruckt in Deutschland

1 2 3 4 5 — 26 25 24 23

ISBN 978-3-99001-646-6

BARAA BOLAT

LERNE WER DU BIST

UND VERGISS WER DU SEIN SOLLST

edition a

INHALT

1

MEHR ALS EIN TUCH

Ich war schon immer irgendwie anders. »Du Froschaugenmensch«, »du Geist« und »du Ausländer« sind nur einige von den Kommentaren, mit denen ich mich bereits seit Kindertagen auseinandersetzen muss. Die Leute hatten immer etwas über mich zu sagen, ob es wegen meiner großen Augen, meiner blassen Haut oder meinem Hijab war, der Ton war immer derselbe. Damals wusste ich noch nicht, dass meine vermeintlichen Schwächen, dass das, was alle immer als Angriffsfläche wahrgenommen und genutzt haben, eigentlich das ist, was mich zu einem individuellen, eigenständigen und erfolgreichen Menschen macht. Dass ich mich nicht hinter meinem Kopftuch, meinem Hijab, verstecken muss. Der Weg dorthin dauerte zwar lang, war anstrengend, und ich musste viel einstecken, hat sich aber gelohnt.

WAS IST DEIN HIJAB?

Wir alle haben etwas an uns, das uns besonders macht, das uns von der Masse, vom Mainstream, abhebt und uns die Einzigartigkeit verleiht, die wir alle in uns tragen und deren Anerkennung wir auch verdient haben. Diese Besonderheit, es können natürlich auch mehrere sein, kann damit zu tun haben, welche Kleidung, welchen Schmuck oder welches Make-up du trägst. Es können deine verrückt gefärbten Haare, dein Hobby oder deine generelle äußerliche Erscheinung sein. Genauso kann es aber auch damit zu tun haben, wie du wohnst, wie du denkst, wie du dich ernährst oder wie und wen du liebst. In diesem Buch werde ich diese Besonderheit Hijab oder Kopftuch nennen, das, was dich also besonders macht, ist dein Hijab.

Dein Hijab ist dir bis heute vielleicht noch gar nicht bewusst. Für dich ist es selbstverständlich, dass du so bist, wie du bist. Anders sollte es auch nicht sein, nur ist es leider oft die Besonderheit, die Einzigartigkeit, die heraussticht und Raum für Kommentare und Unverständnis lässt.

Die Welt könnte so bunt sein, aber der Mainstream zwingt uns in Graustufen.

Vielleicht hast du schon bemerkt, dass du mit einer Sache an dir, einer Eigenschaft, einem äußerlichen Merkmal, besonders auffällst. Vielleicht gibt es etwas, das die Mehrheit der Menschen nicht zu verstehen scheint, etwas, das dein Umfeld aus irgendeinem Grund aufregt, etwas, worüber die anderen gern zu reden scheinen. Du fällst auf, andere reden über dich, bezeichnen deine Besonderheit als Spleen, wollen dir vielleicht sogar ausreden, du selbst und einzigartig zu sein, und finden dich irre, zumindest ein bisschen. Sie verstehen nicht, was es bedeutet, anders und besonders zu sein, und kämpfen mit aller Kraft dagegen an.

Dein Hijab ist das Besondere an dir,
mit dem du auf Widerstände stößt.

Mein Hijab ist, wie du dir vielleicht schon denken kannst, mein Hijab. Auch meine Glupschaugen, meine blasse Haut und die Art und Weise, wie ich mein Essen beim Kochen ansehe, sind meine Hijabs, meine Besonderheiten und meine einzigartigen Features. In erster Linie ist aber der Hijab das, mit dem ich am meisten polarisiere, das, was in der Vergangenheit, auch noch heute, auf viel Widerstand stößt, und das, was die anderen Menschen nicht zu verstehen scheinen. Egal, ob Menschen meiner Glaubensrichtung oder Menschen, die nichts über meine Religion und das Tragen des Hijabs wissen, ich ecke immer an. Entweder weil ich einen Hijab trage oder weil ich bin, wie ich bin, und mich nicht verstecke, sondern mich zeige, herumexperimentiere und vor keiner Challenge zurückscheue.

Meinen Hijab trage ich mittlerweile eigentlich fast immer und überall, außer in den eigenen vier Wänden, allein, bei meiner Familie oder unter Frauen. Das war nicht immer so. In manchen Phasen meines Lebens wollte ich ihn nur noch ablegen. Zu viel Hass und zu viel Aggression schien ich damit in meinem Umfeld, auf der Straße oder im Netz zu triggern. Heute ist mir das egal. Ich trage den Hijab mit Stolz. Immerhin war es nicht immer so einfach, meine Eltern wollten in meiner Jugend erst gar nicht, dass ich den Hijab trage, um mich vor Hass und Mobbing zu bewahren. Ich wollte es aber. Und ich habe es durchgezogen, wenn auch anfangs heimlich.

Eine frühe Faszination

Ich war bereits als Kind von den verschiedensten Kopftüchern begeistert. Die Stoffe haben mich schon immer fasziniert. Jeden Tag bewunderte ich die Mädchen in meiner Schule, die Frauen auf der Straße, für ihre wunderschönen Stoffe, die sie auf dem Kopf trugen. Die Leopardenmuster, die heute völlig out und mittlerweile für mich unvorstellbar zu tragen sind, habe ich geliebt. Die bunten Farben, die samtigen Stoffe und die Art und Weise, wie sie sich an die Trägerin anschmiegten, haben mich schon in jungen Jahren verzaubert. »Ich möchte das auch«, dachte ich mir. Meine Mutter trug auch den Hijab. Trotzdem wollte sie, dass ich es lasse. Ich sollte mich integrieren und ja keinen Raum für negative Auffassungen lassen. Ihre Kopftücher haben mich sowieso nicht inspiriert, der Stoff und die Farben waren nicht so wie die der jungen, coolen Frauen, also musste ich mir etwas anderes überlegen. Denn das »Nein« meiner Eltern hätte mich sowieso nicht von meiner Vision und meinem Vorhaben abgehalten. Gedacht, getan. Ich habe meinen gesamten Kleiderschrank durchwühlt, bis ich endlich ein passendes Stück gefunden habe. Ein altes Kleid, das ich nie getragen habe, welches mir auch nicht mehr gepasst hat, allerdings aus einem angenehmen Stoff geschneidert war und in einem wunderschönen Hellblau strahlte. »Perfekt!« Ich wusste sofort, das könnte klappen, und schnipp schnapp war ich bereits dabei, das Kleid mit einer Schere in ein Rechteck zu zerschneiden. Ohne Naht, ohne schneiderische Erfahrung, habe ich einfach drauf losgeschnitten, mir den Stofffetzen direkt auf den Kopf gesetzt, und schon war mein erstes Kopftuch fertig.

Heute schneide ich meine Hijabs nicht mehr selbst in meinem Kinderzimmer, mittlerweile läuft das anders, aber dazu komme ich später noch. Eines hat sich jedenfalls über all die Jahre hinweg nicht geändert: und zwar das Gefühl von Stolz und Vollkommenheit, wenn ich den Hijab trage, heute wie damals, vor über zehn Jahren, mit dem selbstgeschneiderten Hijab aus dem alten, blauen Kleid. Auch wenn es keinesfalls einfach war, denn Widerstand, Kritik, Hass und Kommentare begleiten mich seit jeher.

Fabio: der verrückte Radler

Ich weiß, ich bin bei weitem nicht die einzige Person, die mit ihrer Art, ihrem Aussehen oder ihrer Besonderheit auf Widerstand stößt. Wir alle haben einen Hijab, diese eine Besonderheit, die uns abhebt. Fabios Hijab ist sein Hobby, das Fahrradfahren. Seit seiner Kindheit wollte er nichts anderes machen als radfahren. Allerdings nicht als Rennfahrer, als Teilnehmer der Tour de France oder als Langstreckenfahrer, wodurch sein Hobby zumindest noch ein Sport gewesen wäre, der wettkampftauglich und ernstzunehmen ist. Nein, Wettkämpfe waren noch nie sein Ding, er wollte einfach nur quer durch die Stadt, über Wiesen und durch Wälder, über Steine und durch Gruben, Stiegen hinauf und Stiegen hinabfahren. Überall, durch und durch, egal, ob bei Sonnenschein, Regen oder Sturm.

So sehr er sein Hobby geliebt hat, so sehr wurde er belächelt. Freunde und Schulkollegen machten sich über ihn lustig. »Der Verrückte mit seinem Radl«, der, den niemand so richtig verstehen konnte. »Der Typ mit dem Drahtesel.« Er war in den Augen der anderen immer der Freak, der ständig und überall mit seinem Bike unterwegs war. Dass er heute ein erfolgreicher Youtuber und Sportler ist und mit seiner Leidenschaft sein Leben finanziert, hat damals niemand erwartet.

Leeroy: Basketballer auf vier Rädern

Auch Leeroy hat einen Hijab. Eine Besonderheit, bei ihm eigentlich ein Handicap. Seit seinem vierten Lebensjahr ist der Deutsch-Kameruner aufgrund einer Knochenkrankheit gelähmt und sitzt im Rollstuhl. Ich bin mir sicher, auch er hatte es, gerade als Kind, nicht immer leicht. Er war ein Außenseiter, anders und konnte nichts dagegen tun. Aber er hatte einen Traum. Er wollte unbedingt Basketballspieler werden. Viele belächelten ihn, aber er verfolgte seine Vision, hat es bis in die 1. Bundesliga geschafft und nebenbei sogar noch seinen Schulabschluss, die Matura, bestanden. Parallel dazu produzierte er Videos für Youtube und hat sich mittlerweile eine Community von über 1,8 Millionen Menschen aufgebaut. »Krüppel« traut sich heute wohl keiner mehr zu ihm zu sagen.

Abbie und Josh: die große Liebe

Abbie ist eine wunderschöne Frau. Das Einzige, was sie von anderen abhebt, ist ihre Körpergröße zu der Körpergröße ihres Partners. Sie ist groß, er ist klein. Eigentlich nichts dabei, aber es macht die beiden doch besonders, denn der Norm entspricht es nicht. »Wer wohl bei euch die Hosen anhat, haha« oder »Sieht schon komisch aus …« sind nur wenige der Kommentare, mit denen sich die beiden tagtäglich auf den sozialen Medien auseinandersetzen müssen. Doch auch sie lassen sich nicht von Hate, blöden Sprüchen oder wertenden Blicken verunsichern oder unterkriegen. Sie ziehen ihr Ding trotzdem durch und nutzen den Hass und die Kritik mittlerweile sogar zu ihrem Vorteil und machen sich lustig darüber, dass die Frau in dieser Beziehung größer als der Mann ist. Auf Tiktok teilen sie witzige Videos dazu, die gut ankommen und Sympathie generieren.

Hana: Sängerin mit Biss

Der Hijab der bosnischen Sängerin Hana ist wohl ihr Mund. Die Hater und die Kritiker haben auch sie nicht verschont und immer wieder aufs Neue auf ihren Mund, ihr Aussehen, ihren »Makel«, reduziert. »Du Pferdefresse« oder »Gib doch dem Pferd seinen Kopf zurück« sind Beispiele für Kommentare, mit denen sich die Sängerin auseinandersetzen muss. Dabei hat ihr Aussehen doch nichts mit ihrem Talent für Musik zu tun. Ihr Kiefer, ihr Gebiss, ist leicht nach vorn gebaut. Kein großes Ding. Es macht sie einzigartig, sie wird dafür allerdings angegriffen, gemobbt und kritisiert. Dabei steht sie dazu, sie liebt ihren Körper, so wie er ist, legt sich nicht unters Messer, um dem Mainstream zu entsprechen und um so vielen Menschen wie möglich zu gefallen. Sie hat es allen gezeigt und hat obendrein auch noch den Hass, die Kritik und die herablassenden Kommentare zu Geld gemacht. Der Shitstorm und all die Kommentare rund um ihr Pferdegebiss haben eine Idee ins Leben gerufen, so produziert sie mittlerweile Kleidung. Das Logo ihrer *Brand*? Ein Pferd mit High Heels.

Es gibt unendlich viele Beispiele von Menschen, die wegen ihrer Andersartigkeit gemobbt, gehänselt, kritisiert und verurteilt werden. Dabei ist genau das oft ihr Erfolgsgeheimnis.

Wenn du Fabio mit seinen Urban Free Rides oder seinen anderen millionenfach geklickten Fahrrad-Stunts auf Youtube siehst, dann denkst du: Na klar ist der ein Star und macht jede Menge Geld. Dass er ein Freak ist, daran denkst du vielleicht gar nicht, dabei ist das der Alltag eines jeden Individualisten. Auch Leeroy, der mit Sicherheit im Kinder- und Jugendalter mit viel Negativität umgehen musste, ist jetzt ein Basketballstar und hat in jungen Jahren schon weit mehr als der Ottonormalverbraucher erreicht, trotz schwerer Krankheit. Auch das ungleiche Pärchen Abbie und Josh ist erfolgreich, dank der besonderen Größenverteilung. Sie machen mit den sozialen Medien gutes Geld, haben sich dem Hate und der Kritik gestellt und die negative Energie in etwas Positives verwandelt. Und Hana? Sie ist ein Marketing-Genie und hat mit der Entwicklung ihres Logos mit dem High-Heels-tragenden Pferd auch noch Humor und die Fähigkeit zur Selbstironie bewiesen.

Dein Hijab ist nie die eine Sache, die dich ausmacht, sondern ein Teil von dem, was dich ausmacht. Er gehört zu dir, und indem du lernst, zu deinem Hijab zu stehen, lernst du auch, in anderen Dingen zu dir zu stehen und damit du selbst zu sein. Dein Hijab wird zur Quelle deiner Kraft.

Würdest du heute auf Hana treffen, kämst du nie auf die Idee, dass sie auch einmal an diesem Punkt war, an dem sie sich fragte: Wie jetzt? Was tue ich jetzt? Wenn mein Aussehen die anderen so stört, sollte ich mich dann lieber anpassen? Sollte ich meine Karriere aufgeben? Vielleicht haben sie ja recht? Ist das ein Spleen? Was ist ein Spleen überhaupt? Macht mich das zu einem Misfit? Zu jemandem, den die anderen nicht mögen? Ablehnen? Ausgrenzen? Die, die nicht dazupasst?

Würdest du auf Fabio treffen, dann würdest du nicht einmal im Traum daran denken, ihn vom Fahrradfahren abzubringen, ihn als Freak zu betiteln. Egal, wen der obengenannten Beispiele du antreffen würdest, du würdest sehen, dass sie glücklich sind mit dem, was sie machen, und das auf eine ansteckende Art. Deshalb sehe ich auch diese Menschen als Vorbilder an. Auch wenn sie nichts miteinander, mit dir oder mir zu tun haben, ihre Geschichte, ihr Wille und ihre Stärke motivieren und inspirieren. Sie zeigen, wie schön Individualität ist, sie zeigen, dass du nicht der Norm entsprechen musst, um erfolgreich zu sein, sondern dass genau diese eine Sache, die du vielleicht selbst an dir hasst, weil andere Menschen sie nicht verstehen, das ist, was dich einzigartig und erfolgreich macht. Wenn du es nur zulässt.

Versuche einmal, in dich zu gehen. Denke nach. Reflektiere. Was ist dein Hijab? Hast du überhaupt einen? Hast du ein Kopftuch, einen zu großen Mund oder ein verrücktes Hobby, das keiner zu verstehen scheint? Liebst du auffällige Klamotten, ziehst jeden Tag mit Absicht zwei unterschiedlich gefärbte, bunte Socken an? Oder hast du eine massive Vorliebe für das viktorianische Zeitalter? Was auch immer dein Spleen, deine Marotte, deine verrückte Eigenheit ist, es gilt, diese nun endlich zu identifizieren, und ich versuche, dir dabei zu helfen.

Vielleicht hattest du bereits in deiner Vergangenheit ein Kopftuch, aber hast es »abgelegt«, um den scheinbar einfacheren, den naheliegenden Weg zu gehen. Den Weg, den die Gesellschaft für dich vorgesehen hat, den, den deine Eltern von dir erwarten und deine Mitmenschen nicht verurteilen. Waren dir die Blicke, die Kommentare und das Unverständnis deines Umfeldes zu anstrengend oder zu verletzend, weshalb du jetzt versuchst, deinen Hijab so gut es geht zu verstecken? Oder hast du vielleicht einen, der irgendwo in der untersten Schublade deines Bewusstseins liegt, weil du dich noch nicht getraut hast, ihn herauszuholen?

Dein Hijab scheint für dich vielleicht ein Problem zu sein, aber jedes Problem ist immer nur die Rückseite einer Münze. Wenn du sie umdrehst, stehen Lösungen, Möglichkeiten und neue Chancen darauf.

Ich bin keine Psychologin, keine Lebensberaterin und hoffentlich auch keine Besserwisserin, aber eines habe ich herausgefunden: Dein Hijab hat viel mit dem zu tun, was dich ausmacht. Wenn du ihn einmal identifiziert hast und dazu stehst, bemerkst du, dass du mehr du selbst wirst. Du wirst damit authentischer, was dich interessanter für die anderen macht, dein Leben wird besser, wahrscheinlich in jeder Hinsicht, und nach einer Weile wird es so für dich sein, wie jetzt, wenn du dir die Lebensgeschichte von Fabio, Leeroy, Hana oder Abbie und Josh ansiehst. Du wirst denken: War ja klar. Und die Idee, dass du deinen Hijab und damit dich selbst vor dir und allen anderen hättest verstecken können, wird dir richtig gruselig erscheinen. Ich habe in der Vergangenheit oft mit dem Gedanken gespielt, meinen Hijab abzulegen. Der Terror, der damit oft einhergegangen ist, der auch heute noch existiert, war mir in einigen Lebenslagen zu viel, ich wusste nicht mehr weiter, ich habe keinen Ausweg gefunden und war der Meinung, wenn ich den Hijab ablege, mich der Gesellschaft, den Erwartungen anderer und dem Umfeld beuge, dann wird alles besser. Heute weiß ich: Alles ist gut, weil ich den Hijab nicht abgelegt habe, weil ich ich selbst geblieben bin, und weil ich endlich verstanden habe, wie schön es ist, anders zu sein.

Ich möchte dir helfen, die gleiche Realisation durchzumachen. Ich möchte dich auf eine Reise mitnehmen, dich durch die Höhen und Tiefen meines Lebens führen, gemeinsam mit dir dein Kopftuch identifizieren und dich stärken, sodass du deine Besonderheit mit Stolz in die Außenwelt trägst.

Es geht um Träume und um Wünsche,
um Ziele und umSelbstverwirklichung,
also irgendwie um alles, was du brauchst,
um glücklich zu werden.

Wir alle sollten unser Ding machen, egal, wie absurd es klingen mag, und die anderen reden lassen. Wir müssen lernen, wer wir sind, und verlernen, wer wir sein sollen. Davon wird nicht nur unser eigenes Leben, sondern auch das vieler anderer Menschen automatisch besser. Wenn wir alle selbstbewusst zu unserem Hijab stehen, wenn wir schaffen, das zu lernen, und uns darin trainieren, wird auch die ganze Welt besser. Wir sind keine Marionetten mehr, sondern wir folgen unserem Innersten, unseren tiefsten Sehnsüchten, unseren Träumen und unserem Selbst. Und dieses Selbst ist immer etwas Gutes. Ich bin ein Fan von Individualität. Ich bin ein Fan von dir, denn ich bin sicher, dein Hijab ist etwas ganz

Besonderes, etwas Schönes, etwas Erstrebenswertes. Auch wenn du es mir jetzt vielleicht noch nicht so ganz glauben möchtest.

Dein Hijab ist das, womit du zuerst nicht in den Mainstream passt, mit dem du dann aber die Welt veränderst, zumindest im Kleinen, deine eigene kleine Welt. Wo sonst solltest du damit anfangen?

2

ENTDECKE DEINEN HIJAB

»Warum tragst'n du a Kopftuch? Hast du schirche Haare oder gar keine?« An diese Frage werde ich mich mein Leben lang erinnern. Ich war gerade erst neun Jahre alt und auf dem Weg zur Grundschule. An diesem Tag trug ich ein Kopftuch, weil wir Religionsunterricht hatten, zu diesem Zweck haben mir meine Eltern das Tragen des Hijabs erlaubt, ich war glücklich, denn schon damals hat es sich richtig angefühlt. Die Worte der älteren Wienerin haben mich trotzdem verletzt. »Warum glaubt sie, dass ich hässliche Haare habe? Warum interessiert sie sich überhaupt dafür, was unter meinem Hijab ist und wieso ich ihn trage?« Meine Gedanken kreisten noch sehr lang um Begegnungen wie diese, in diesem Fall habe ich kurzerhand mein Kopftuch abgenommen und der Dame erklärt, dass ich schönere Haare hätte als sie, und bin gegangen. Blicke ich heute auf diese Situation zurück, bin ich stolz auf mein jüngeres Selbst. Auch wenn ich den Hijab nicht mehr so einfach abnehmen würde wie damals, ich habe ein Zeichen gesetzt.

Auf deiner Reise, die wir nun gemeinsam antreten, wirst du immer wieder auf Widerstand treffen. Du wirst Entscheidungen treffen müssen, die dir sehr schwerfallen werden, du musst Risiken eingehen und auch Krisen bewältigen, um zum Ziel, deinem Hijab und der Verwirklichung deiner Träume und Ziele zu gelangen. Egal, ob du an dem Glauben an dich selbst, einer Religion oder an dem Glauben an die Macht des Universums festhältst, ob du, wie ich, deine Ziele manifestierst oder noch gar nicht so genau weißt, wohin dein Weg eines Tages gehen soll, der erste Schritt, den wir auf dieser Reise antreten, ist das Identifizieren deines Hijabs. Auch ich wusste lange Zeit nicht, was mich ausmacht, was mich stark und besonders macht, doch diese Erkenntnis ist Gold wert. Leider reicht die Erkenntnis allein nicht aus, denn selbst wenn du von dir, deinem Hijab und deinem Vorhaben überzeugt bist, so kann es leider passieren, dass du in der Gesellschaft auf Ablehnung stößt und viel Widerstand erfährst. Aber gegen Widerstand kann Widerstand geleistet werden, Hater können umgestimmt werden und die Meinung anderer ist nicht immer wichtig, schon gar nicht entspricht sie immer der Wahrheit. Gemeinsam werden wir herausfinden, wie du deine Stärken erkennst, wie du mit Widerstand umgehst, wie dir meine Erfahrungen als Wegweiser dienen können und wie dir dein Hijab schlussendlich sogar zu Glück und Erfolg verhelfen kann.

ERSTE SCHRITTE

Ich war immer schon anders. Ja, ich kann auch sagen, dass ich vor allem als Kind eine Außenseiterin war. Das Gefühl, nicht ich selbst sein zu dürfen, begleitet mich seit der Grundschule. Ich hatte dunkle Haare, sah ganz anders aus, als all die österreichischen Kinder in meiner Klasse, und dadurch, dass ich die Erstgeborene war und meine Eltern erst kurz vor meiner Geburt nach Österreich gekommen sind, war auch mein Deutsch nicht so wie das der anderen. Ich habe es gehasst, in die Schule zu gehen. Jeder Tag war eine Tortur, ich wurde gemobbt, sogar geschlagen, interessiert hat das kaum jemanden, und meinen Eltern wollte ich nichts davon erzählen, ich wollte sie nicht belasten, ihnen keine Sorgen bereiten. Erst in der Mittelschule, einer ägyptisch-österreichischen Privatschule, habe ich mich allmählich so gefühlt, als ob ich angekommen wäre, so, als ob ich endlich versuchen könne, ich selbst zu sein, ohne mich dafür zu schämen. Meine Reise zu dem Menschen, der ich heute bin, hat dort begonnen.

Plötzlich war ich nicht mehr die Außenseiterin. Meine Klasse war bunt gemischt. Österreicher, Araber, Türken, Bosnier. Viele Nationen waren vertreten, anders zu sein war plötzlich kein Problem mehr. Denn wir waren alle irgendwie anders und haben einander akzeptiert. Ich hatte endlich richtige Freunde. Meine Klasse hat in mich vertraut, und so wurde ich zur Klassensprecherin gewählt, später sogar zur Schulsprecherin. Eine Ehre für mich, die ich damals noch nicht richtig fassen konnte.

Andere versteckten ihr Make-up,
ich meinen Hijab.

Bereits mit zehn, elf, zwölf Jahren habe ich ab und zu das Kopftuch getragen. Zum Religionsunterricht auch schon in der Grundschule und auch an den Wochenenden, wenn ich in der Moschee den Arabisch-Kurs besucht habe. Ich bin gern in den Religionsunterricht und in die Moschee gegangen, jedes Mal habe ich mich gefreut, als wäre es Weihnachten, denn ansonsten wollten meine Eltern nicht, dass ich den Hijab trage. Wie das nun mal in der Jugend so ist, fällt es oft schwer, ein Nein zu akzeptieren. Die Lösung? Den Willen heimlich durchzusetzen. Im Alter von etwa fünfzehn Jahren habe ich dann begonnen, den Hijab regelmäßig zu tragen. Um der Missgunst meiner Eltern zu entgehen, landete das Kopftuch morgens in der Schultasche, und erst im Aufzug habe ich es angelegt, bevor ich meine Freundinnen an der Straßenbahnstation der Linie 33 getroffen habe.

Einige meiner Freundinnen haben auch einen Hijab getragen. Widerstand aus der Familie hatte eigentlich fast keine von ihnen, und so konnten sie offen und wann immer sie wollten Kopftuch tragen. Einer Freundin erging es sogar umgekehrt, ihr Vater wollte unbedingt, dass sie sich bedeckt, dass sie den Hijab trägt, sie wollte das nicht. Sie verließ das Haus jeden Tag bedeckt, das Kopftuch landete dann im Aufzug in der Schultasche. Andere Mädels wiederum haben oft ihre freizügigeren Outfits vor den Eltern versteckt, ihr Make-up erst in der Schule aufgetragen oder das Oberteil auf der Schultoilette gewechselt. Teenies sind eben kreativ, um ihren Willen durchzusetzen, ob es den Eltern nun gefällt oder nicht.

Wie es eigentlich immer kommt, haben meine Eltern mich natürlich früher oder später bei meiner Heimlichtuerei erwischt. Es gab keine Strafe, sie waren zwar sauer, dass ich sie belogen habe, aber sie haben eingesehen, dass Widerstand zwecklos ist, und wir haben uns auf einen Kompromiss geeinigt. In der Schule durfte ich den Hijab tragen, draußen, auf der Straße, sollte ich das Tragen so gut es ging meiden.

Jahre später verstehe ich das Verhalten meiner Eltern um einiges besser. Ihre Warnungen waren gerechtfertigt, ihre Sorgen begründet.

Das missverstandene Tuch

Bevor ich dich weiter auf deiner Reise zur Entdeckung deines Hijabs begleite, möchte ich kurz über die Geschichte und die Bedeutung meines Kopftuchs, des Hijabs, sprechen. Gerade in heutigen Zeiten polarisiert dieses Tuch die ganze Welt, dabei ist das Tuch an sich und auch die Geschichte dahinter keineswegs eine negative, mit Zwang belastete, wie oft in den Medien und von vielen Menschen angenommen.

Das religiöse Gebot zum Tragen des Hijabs entspringt aus dem Koran nicht sinngemäß nach dem Motto, Frauen hätten sich zu bedecken oder zu verstecken, indem sie ein Kopftuch tragen. Vielmehr weist der Koran darauf hin, dass gläubige Frauen ihr Haupt, Schmuck und ihre Brust so kleiden sollten, dass sie nicht sichtbar sind. Für einige Gelehrte reicht es daher vollkommen aus, wenn sich die Frau einen Schal um die Brust wirft, für andere bedeutet es lediglich: Wenn die weiblichen Reize nicht in einer unangebrachten Art und Weise präsentiert werden, müssen die Haare nicht bedeckt sein. Je nach Region, Gelehrtem oder Imam, eigentlich je nach Interpretation der Heiligen Schrift, sind hier keine Grenzen und auch keine Zwänge gesetzt.

»Es soll kein Zwang sein im Glauben.«
(2:257)

Eines der wichtigsten und größten Gebote des Islam ist, dass es keinen Zwang in der Ausübung der Religion gibt. In der Tradition zwingt demnach weder der Koran noch Allah, der Ehemann, der Vater oder der Bruder zum Tragen eines Hijabs, die Entscheidung liegt bei der Gläubigen und wird außerdem nicht nur von der Religion, sondern auch von der Tradition und Kultur ihres Herkunftslandes mitbestimmt. Der Frauenschleier hat im vorderen Orient nämlich eine viel längere Geschichte als der Islam. So galt das Kopftuch schon vor langer Zeit als Instrument der Befreiung, nicht des Zwanges. Vor allem innerhalb der ägyptischen, der syrischen und der türkischen Gesellschaft symbolisiert es den Anspruch auf Gerechtigkeit zwischen Schichten, Geschlechtern und dem sozialen Status. Dem Haar und Haupt als Zentrum der Lebenskraft wurden schon in ältesten Zeiten besondere Kräfte zugeschrieben, wie auch die biblische Geschichte von Simson und Delila nahelegt. Hinzukommt, dass viele orientalische und heute islamische Staaten in der Wüste oder in Regionen angesiedelt sind, in denen das Verschleiern auch bequemen und wetterbedingten Einflüssen zugrunde liegt.

Nehmen wir nun dieses Gebot des Korans heran und mischen es mit kulturellen, sittlichen und traditionellen Gebräuchen und Gewohnheiten, so entstehen unterschiedlichste Variationen, Verständnisse und Interpretationen der historischen Bekleidung, zum Beispiel auch jene, die wir heute sehen. Das Kopftuch ist erst im Laufe der Zeit entstanden. Zu Zeiten des Propheten haben Frauen nicht wie heute ein Kopftuch getragen, vielmehr haben sie ein Tuch umgeschlagen, um Brust und Schmuck zu verdecken, vermutlich auch, um gesellschaftliche und soziale Ungleichheiten nicht ständig nach außen zu tragen. Viele Gelehrte meinen auch heute noch, es handelte sich seit jeher lediglich um ein Tuch, keine vollkommene Verschleierung, andere interpretieren das Verschleiern lediglich als das Tragen von lockerem, wenig aufreizendem Gewand, eine andere Muslima, wie ich auch, kombiniert den Hijab mit Fashion, Mode und den neuesten Trends, und in wieder anderen Teilen der Welt, wie in Saudi-Arabien, tragen Frauen Nigab, eine Art der Ganzkörperverschleierung.

Überlieferungen, Traditionen, Interpretationen, historische und kulturelle sowie politische Einflüsse der letzten Jahre und Jahrhunderte haben die verschiedenen Verschleierungen des

Islams geprägt und geformt. Jeder interpretiert diese Werte anders, für mich ist es wichtig, klarzustellen, dass der Koran niemanden zwingt, und dass der Zwang, der leider immer noch auf dieser Welt existiert, von Menschen mit bösen Absichten und nicht von der Religion, von Allah oder von einem gesamten Volk ausgeht. In meinen Augen gibt es kein Falsch und kein Richtig. Wenn sich eine Frau aus freien Stücken und aus eigenem Willen dazu entschließt, den Hijab zu tragen, um ihrem Glauben zu folgen und eine Belohnung im Jenseits anzustreben, dann entspricht das viel mehr den Geboten des Islams, als würde diese Frau zu Handlungen gezwungen werden. Dennoch herrscht auch heute noch auf Teilen der Welt ein Zwang, der durch politische Stimmungen, traditionelle Einflüsse und kulturelle Ansichten in die religiöse Praxis miteingeflossen ist. Die geschichtlichen und politischen Ereignisse der letzten Jahre sind Mitauslöser dafür, dass Frauen in manchen islamischen Ländern leider nicht dieselben Privilegien wie muslimische Frauen in Europa genießen können. Ein Verhalten, wie wir es leider heute auch im Iran beobachten können, welches ich nicht als islamisch, sondern klar als radikal unterdrückend und menschenrechtsverachtend ansehe.

Ich möchte klarstellen, dass weder mein Vater noch mein Ehemann der Grund dafür sind, dass ich Hijab trage. Ich werde nicht gezwungen, sondern kämpfe, demonstriere und setze mich für alle Frauen ein, die anders als ich, diesen Zwang erfahren mussten, diskriminiert und unterdrückt werden. Ich bete für eine Welt, in der es keinen Platz mehr für solch primitives Verhalten gibt, und ich hoffe, dass wir Hijabis nicht immer und immer wieder mit radikalen Extremen verglichen und gleichgesetzt werden.

EINE LANGE REISE

Ich habe lange Zeit nicht gewusst, dass mein Hijab mein Hijab ist. Nach langen Jahren des Versteckens und Verheimlichens habe ich mich mit etwa 18 Jahren dazu entschlossen, das Kopftuch permanent zu tragen. Für immer. Es hat sich richtig angefühlt, es war irgendwann Teil von mir geworden. Dass es allerdings meine Stärke ist, das wusste ich erst viel später. Denn oft hat sich mein Kopftuch eher wie eine Angriffsfläche, eine Schwäche, angefühlt. Trotzdem war ich entschlossen, das Kopftuch zu tragen. Aus meinem freien Willen, aufgrund meines Glaubens und einfach so, weil ich es möchte, ohne mich dafür rechtfertigen zu müssen.

Ich bin sicher, dass Hana auch lange Zeit nicht gewusst hat, dass ihr auffälliger Mund eigentlich ihre Stärke ist. Auch Leeroy hätte sicher als Kind niemals damit gerechnet, aus seiner körperlichen Einschränkung eine Karriere zu machen, geschweige denn erfolgreicher Sportler zu sein. Ich bin sicher, dass es auch an dir etwas gibt, das du nicht magst, oder etwas, wofür andere dich verurteilen und du gar nicht weißt, dass genau dieses Etwas dich besonders macht, dass es dein Hijab ist, welcher dich erst wirklich zu dem Menschen macht, der du bist, und den so viele Menschen dafür lieben.

Keine Sorge, auch ich habe mir lange Zeit gelassen, bis ich realisiert habe, dass ich meine Stärke jeden Tag auf dem Kopf trage. Heute trage ich den Hijab mit Selbstbewusstsein, früher war das Tragen des Kopftuchs mit Angst, Scham und einem Gefühl des Nicht-Dazugehörens verbunden. Glaube mir, der Weg zur Erkenntnis war kein leichter. Abgesehen von all dem Hass und der Kritik, die ich einstecken musste, war es auch privat eine lange, anstrengende Reise. Erst durch ein spontanes, unbedachtes Posting wurde mir bewusst, dass hinter diesem Tuch, das ich jeden Tag auf dem Kopf trage, aber vor allem auch in mir, noch viel mehr steckt.

Vielleicht hätte ich meinen Hijab nie als meinen Hijab entdeckt, wäre ich nicht kurz vor einem Burnout gestanden.

Viele wissen nicht, dass ich eine junge Mama bin. Mein Sohn ist mein Ein und Alles. Meinem Sohn habe ich vieles zu verdanken, nicht zuletzt das Selbstbewusstsein, welches mittlerweile in mir schlummert. Aber dazu später. Mama zu sein bedeutet für mich vor allem, für meinen Sohn da zu sein. Ihm das beste Leben zu bieten, egal, wie beschwerlich das auch sein mag. Auf dem Weg dorthin habe ich viel auf mich genommen, was mich aber Jahre später zu dem gemacht hat, was ich heute bin, und mir die Erkenntnis geliefert hat, die ich versuchen werde, auch in dir zu wecken. Aber alles auf Anfang.

Ich war gerade 22 Jahre alt, als ich schwanger wurde. Ich war bereits mit meinem Mann verheiratet, allerdings noch in der Abendschule, da ich mich nach einigen Schulwechseln in der Jugend entschlossen habe, die Matura extern nachzuholen. In meinem Kopf war dieser Abschluss das Mindeste, was ich erreichen muss, komme, was wolle. Als ich den positiven Schwangerschaftstest gesehen habe, war ich einerseits voller Freude, ich wollte immer eine Familie gründen. Gleichzeitig war ich traurig. Meine größte Angst war, nicht zur Matura anzutreten, zu versagen und nie diesen einen Abschluss zu absolvieren. Aufgeben kam für mich noch nie infrage, zum Glück hat mich auch mein Mann immer wieder motiviert und mir das Gefühl gegeben, dass ich alles schaffen kann, und so bin ich weiterhin zur Schule gegangen, hochschwanger.

An einem Freitag war die schriftliche Englisch-Matura angesetzt. Ich war mittlerweile bereits im achten Monat meiner Schwangerschaft angelangt, habe mich verspätet, und als alle bereits auf ihren Plätzen, vorbereitet auf den Beginn der Prüfung, saßen, kam ich angerannt, ohne Frühstück im Magen und ziemlich durch den Wind. »Entschuldigung für die Verspätung, Frau Professor«, hechelte ich, als ich sichtlich verschwitzt den Hörsaal betrat. Mehr als ein unbegeistertes Nicken konnte ich nicht vernehmen, und so setzte ich mich rasch zu meinen Klassenkollegen, um nicht noch mehr Zeit zu verschwenden. Kaum hingesetzt merkte ich plötzlich, dass mir übel wurde. Für mich war das keine Seltenheit, ich musste mich während dieser Schwangerschaft andauernd übergeben, in diesem Moment kam es mir aber doch sehr ungelegen. Aber was soll's. Ich hob also meine Hand, um auf die Toilette gehen zu dürfen, doch bevor ich überhaupt meine Frage zu Ende stellen konnte, wandte sich die Lehrerin zu mir: »Zuerst kommen Sie zu spät und jetzt wollen sie auch noch aufs Klo gehen? Das geht so nicht.« In dem Moment wusste ich, mit bleibt nicht viel Zeit. Der Hörsaal des alten Universitätsgebäudes im 21. Wiener Gemeindebezirk, in dem sich die Abendschule befand, war ziemlich groß, also musste ich mich sputen. Ich sprintete los, bis zum Mülleimer, nahe des Lehrerpults, und tat, was getan werden musste. Die Lehrerin sah mich panisch, allerdings auch etwas beschämt an und entschuldigte sich. »Es tut mir leid ... Ich wusste nicht ...« »Kein Problem«, erwiderte ich. Setzte mich wieder hin und schrieb die Englisch-Matura. Mit Erfolg.

Kurze Zeit drauf hätte ich meine letzte Prüfung gehabt. Die Mathematik-Matura. Von vielen gefürchtet, so auch von mir, denn ein Mathegenie war ich nie. Also habe ich mich richtig ins Zeug gelegt, Tag und Nacht gelernt, mittlerweile im neunten Monat meiner Schwangerschaft. Die Nacht vor dem großen Tag verbrachte ich bis in die frühen Morgenstunden mit Lernen. Ich hatte ein gemischtes Gefühl, aber ich wollte diese letzte Prüfung unbedingt noch absolvieren, bevor mein kleiner Engel in mein Leben treten sollte. Tja, in der Früh habe ich nicht wie erwartet den Weg zur Prüfung angetreten, sondern mein Mann brachte mich ins Krankenhaus, denn anstatt Gedankenblitzen, Rechenwegen und korrekten Gleichungen haben bei mir die Wehen eingesetzt. Ich muss ehrlich gestehen, in diesem Moment habe ich mir gewünscht, er hätte sich ein paar Stunden länger Zeit gelassen. Wären die Wehen doch nur nach der Prüfung eingetreten, von mir aus direkt im Hörsaal, Hauptsache nach Abgabe der Matura. Letzten Endes war das alles egal, Hauptsache mein Sohn war gesund auf die Welt gekommen. Den Moment der Geburt, den magischsten Moment meines Lebens, würde ich für nichts auf der Welt eintauschen.

Und hey, ich sehe immer das Positive in den Wegen des Schicksals, ich hatte dadurch immerhin mehr Zeit zum Lernen. Also forderte ich meinen Mann auf, mir noch am gleichen Tag meine Mathematik-Sachen zum Lernen vorbeizubringen. »Bist du verrückt?«, schoss es aus ihm heraus. »Ich muss die Zeit ja ausnutzen, die ich jetzt hier bin«, erwiderte ich. Mein Mann weiß, dass ich, genauso wie er, meinen Willen durchsetze, also blieb ihm nichts anderes übrig, als mir meine Unterlagen ins Krankenhaus auf die Geburtenstation zu bringen. Auf dem einen Arm das Baby stillen, in der anderen Hand das Mathebuch. Auf die Hinweise der Hebammen, dass ich mich ausruhen solle, habe ich nicht gehört, ich musste diese Prüfung schaffen, das war, neben meinem Sohn natürlich, meine Priorität.

Zwei Wochen nach der Entbindung bin ich dann mit meinem Sohn im Kinderwagen zur Schule spaziert, um mir einen Prüfungstermin auszumachen. Meine Mathematik-Professorin, Frau Sowoboda, hat mich in diesem Moment so angesehen, als wäre ich verrückt. In ihrem Blick konnte ich lesen, dass sie sichtlich verwirrt darüber war, dass ich kurz nach der Geburt in der Schule anzutreffen war, mit einem Neugeborenen, total übermüdet und körperlich ausgelaugt. Einen Termin habe ich trotzdem bekommen und schon kurz drauf war es so weit und ich konnte endlich zur Prüfung antreten. Ich habe die Mathematikprüfung positiv und die Matura mit ausgezeichnetem Erfolg bestanden, trotz Baby und trotz vieler Stimmen, die mich davon abhalten wollten und für verrückt hielten.

Vergiss nie, dass du viel mehr erreichen und verwirklichen kannst, als du denkst.

Ich wurde oft belächelt. Vor allem, nachdem ich schwanger wurde. Ich war für viele Menschen nur noch die schwangere Kopftuchfrau. Dass ich die Matura noch schaffen würde, daran glaubte kaum jemand. Aber das war mir egal, und ich bin froh, dass ich nicht auf die Kritiker gehört habe und es den anderen Mädchen, die schwanger wurden und von der Schule gegangen sind, nicht gleichgetan habe. Was ich nach der Matura machen wollte, war mir noch unklar. Ich wollte zwar gern Medizin studieren, der harte Aufnahmetest und die Rahmenbedingungen des ewig langen Studiums und der unvermeidbare Schichtdienst haben mir dann aber doch die Motivation oder den Willen dafür genommen. Außerdem war meine Lust für die Arbeitswelt geweckt. Ich hatte bis dato noch kaum Arbeitserfahrung, hatte endlich die Schule abgeschlossen und immerhin auch ein kleines Baby zu Hause. Studieren konnte ich jederzeit, wenn ich das wollte, erst einmal musste Geld für die Familie her.

Ich war mir für nichts zu schade. Ich wollte auch verschiedenste Bereiche austesten, also habe ich von der Bäckerei, dem Einzelhandel bis hin zum IT-Bereich verschiedenste Tätigkeiten ausgeübt. Der letzte und auch längste Job war in der IT-Abteilung einer großen Versicherung. So sehr ich mich auch anfänglich über diesen Job, der doch irgendwie cool, seriös und erwachsen klingt, gefreut habe, und so sehr ich bereit für diese neue Challenge war, so sehr habe ich ihn auch hassen gelernt. Nicht von Anfang an, aber nach etwa einem Jahr in dem Unternehmen habe ich bemerkt, dass irgendetwas mit mir so gar nicht stimmte. Mein Tagesablauf war furchtbar. Um sechs Uhr morgens aufstehen, den Sohn in den Kindergarten bringen, zur Arbeit fahren, um 17 Uhr nach Hause, Kind und Ehemann bekochen, aufräumen, putzen, spielen, schlafen gehen. Und das jeden Tag. Nebenbei auch noch um meinen Platz in der Gesellschaft kämpfen, mit Rassisten und unangenehmen Leuten auf der Straße umgehen, die mich wegen meines Hijabs nicht würdigten. Als dann auch noch die Corona-Krise in Österreich angekommen ist, wurde alles nur noch schlimmer. Ich war permanent im Home-Office. Mein Wohnzimmer wurde plötzlich zu meinem Arbeitsplatz. Auch wenn ich es anfangs genoss, im Pyjama zu arbeiten und meinem Sohn so nah zu sein, wurde dieser Trott nach etwa drei Monaten zu meiner persönlichen Hölle. Ich fühlte mich einsam, wie ein Arbeitstier, dessen Leben aus Arbeiten, Kinderbetreuung, Haushalt und etwas Schlaf besteht. Mehr gab es in dieser Zeit für mich nicht, selbst die U-Bahn, die ich zuvor immer so schnell wie möglich verlassen habe, vermisste ich plötzlich. Selbst die langweiligen Gespräche mit meinen Kollegen über deren ach so süßen Hund fehlten mir. Es war eine harte Zeit. Und ich weiß, viele Mütter machen das seit

Jahren durch, arbeiten hart, sind für die Kinder da und das auch noch in vielen Fällen als Alleinerzieherinnen. Ich stand jedenfalls nach eineinhalb Jahren bei der Versicherung kurz vor dem Burnout.

Mit der Verzweiflung kommt die Kreativität.

Du fragst dich vielleicht, was meine Schwangerschaft, mein Sohn und meine unzähligen Jobs damit zu tun haben, dass ich irgendwann erkannt habe, dass mein Hijab mein Hijab ist. Hätte ich diesen Weg nie eingeschlagen, wäre mein Sohn später zur Welt gekommen oder hätte ich ihn nie bekommen, dann wäre ich vielleicht ewig bei der Versicherung hängengeblieben. Vielleicht hätte ich nie die Muße gehabt, etwas Neues zu probieren, und vielleicht hätte mich die Verzweiflung nie zur Kreativität gezwungen.

Mein Leben war eintönig, mein Sohn und mein Mann haben mir zwar ständig Liebe geschenkt, allerdings fehlte mir die Selbstliebe. Ich wusste nicht, wer ich war, ich wusste nicht, was mich zu etwas Besonderem machte, bis ich den Mut gesammelt hatte und ein Bild von mir mit meinem Hijab, meinem Make-up, wie ich es sonst auch trage, und einem klassischen Baraa-Outfit gepostet habe. In diesem Moment war mir gar nicht bewusst, wie viel sich dadurch in mir ändern würde.

VIERHUNDERT LIKES

Ein Like, zwei Likes. Plötzlich 400 Likes? Auf ein Foto von mir? Ein Foto, auf dem ich den Hijab trage? Ich konnte es kaum glauben. Auch wenn 400 Likes heute vielleicht nichts wert sind oder für viele gar nicht beachtenswert, war diese Zahl für mich damals schon beachtlich. Immerhin haben mich die Leute sonst nur komisch angeschaut oder wie die alte Dame vor meiner Schule hinterfragt und kritisiert. Gelikt hat selten jemand, doch plötzlich schien das anders zu sein. Ich habe weitergepostet. Vor allem Bilder von mir mit Kopftuch. Das Kopftuch war das, was am meisten aufgefallen ist, gleich ins Auge gesprungen ist und auch das, was den Leuten zu meiner Überraschung zu gefallen schien. Als ich diesen Zuspruch erfahren durfte, ist mir plötzlich eines klar geworden. »Vielleicht ist mein Hijab gar kein Nachteil, kein Makel, keine Einschränkung, sondern vielleicht ist es meine Stärke.«

MACH DICH AUF DIE SUCHE!

Natürlich ist ein Posting oder ein netter Kommentar und etwas Zuspruch nicht der Hauptauslöser für das Erkennen des eigenen Hijabs. Auch bei mir war es das Zünglein an der Waage, das mir nach viel Selbstreflexion, positiven sowie negativen Erfahrungen, Beobachtungen und Eigenwillen bewiesen oder gezeigt hat, dass ich stolz auf meine Besonderheit sein kann und mich nicht hinter ihr verstecken sollte. Du hast ja vielleicht schon etwas gegrübelt, was dein Hijab sein könnte, was die eine Sache ist, die du glaubst, verstecken, ändern oder verschwinden lassen zu müssen, wo sie doch das ist, was dich von den anderen und vom Mainstream abhebt. Folgende Punkte könnten dir dabei helfen, deinen Hijab zu identifizieren und zu akzeptieren.

1. SUCHE DIR VORBILDER

Vorbilder zu haben ist meiner Meinung nach extrem wichtig. Nicht nur, um sich zu orientieren, sondern auch, um Motivation und Inspiration aus realen Beispielen zu schöpfen. Mein allererstes Vorbild war und ist auch noch heute mein Vater. Wir haben eine ganz enge Papa-Tochter-Beziehung, Papa ist für mich noch immer ein Superheld. Auch meine Mutter ist mein Vorbild. Sie vor allem deswegen, weil sie auch ein Kopftuch trägt, sie weiß, was es bedeutet, auf den Wiener Straßen angepöbelt oder dumm angesehen zu werden, und sie hat vor uns Kindern nie Schwäche gezeigt.

Unsere Eltern sind oft unsere Vorbilder. Ich bitte dich aber, dir auch bewusst Vorbilder in deinem Alter, aus deiner Generation, oder Vorbilder, die einen ähnlichen sozialen Status wie du haben oder aus einem ähnlichen

Milieu sind, zu suchen. Es ist wichtig, uns an Personen zu orientieren, die uns auf irgendeine Art und Weise ähneln, vielleicht sogar das gleiche Kopftuch wie wir tragen. Eventuell bist du unsicher wegen deiner Körpergröße. Bist du als Mädchen beispielsweise besonders groß oder als Junge besonders klein, kann es schon vorkommen, dass du damit auffällst. Wenn du dich deswegen unsicher fühlst, dann suche dir Vorbilder, die dir in dieser Hinsicht ähneln! Es gibt unzählige Influencer, erfolgreiche Models, Wissenschaftler und Sportler, die den gleichen Körperbau wie du haben, die früher vielleicht dafür gemobbt und ausgelacht wurden und heute erfolgreicher und glücklicher denn je sind.

In meiner Jugend wurde ich oft wegen meines Hijabs belächelt. »Eine Frau mit Kopftuch findet keinen Job.« Das habe ich nicht nur von Fremden, sondern auch von Freundinnen gehört, die aus diesem Grund sogar ihr Kopftuch ablegten. Heute bin ich mir sicher, dass das Kopftuch bei der Jobsuche nicht ihm Weg steht, damals hat mich das sehr verunsichert. Ich habe mir also Vorbilder gesucht. Vorbilder, wie erfolgreiche Self-made-Power-Frauen, die den Hijab tragen. Ärztinnen, Wissenschaftlerinnen, Ikonen, Politikerinnen, aber auch Sängerinnen oder Schauspielerinnen. Nach längerer Recherche wurde mir plötzlich klar: »Hey, die schaffen das auch, die werden sogar für ihre Arbeit bewundert und haben die gleiche Ausgangslage wie ich. Warum sollte ich es also nicht schaffen?«

Vielleicht kannst du dich mit dem nächsten Beispiel etwas besser identifizieren. Ich war schon immer sehr dünn. Als Teenager wurde ich als Magersüchtige, Skelett, Kranke oder als Gerippe bezeichnet. Menschen haben immer wieder meine Figur kommentiert. Ich bin mir sicher, du weißt, was ich meine, egal, in welche Richtung es geht. Irgendwann war ich so verunsichert, dass ich nicht mehr wusste, ob ich »normal« bin, ob ich es je zu etwas schaffen werde, wenn alle in mir nur das schwache Skelett sehen. Doch auch in dieser Situation habe ich mir Vorbilder gesucht. Beispiele von jungen, erfolgreichen dünnen Menschen. Und ich habe bemerkt: »Hey, der ist zwar dünn wie ich, aber trotzdem erfolgreich und scheint extrem glücklich zu sein.«

Wenn du dich mit Vorbildern identifizierst, die dir ähneln, dann wirst du irgendwann merken, dass du das auch draufhast! Du kannst mindestens genauso viel erreichen wie diese Vorbilder, wenn nicht sogar mehr, solang du erkennst, dass du zu deinen Stärken und deinen individuellen Merkmalen stehen musst. Wenn du das Gefühl hast, Menschen verurteilen dich wegen deines Körpergewichts, deiner Größe, deiner Haarfarbe, deines Styles, deiner sexuellen Ausrichtung oder deiner Herkunft, dann vergiss nicht, dass es da draußen viele Menschen gibt, denen es ähnlich erging wie dir, die die gleichen Sprüche und Blicke ertragen mussten, aber trotzdem am Ende erfolgreicher und glücklicher sind als die Hater, die nichts Besseres zu tun haben, als uns zerstören zu wollen. Aber wir lassen das nicht zu, okay?

Hole dir Inspiration von Menschen, die ein ähnliches Erscheinungsbild, einen ähnlichen Background oder eine ähnliche vermeintliche Schwäche wie du haben.

Ein Vorbild kann auch ganz unerwartet sein und muss nicht so naheliegend scheinen, wie du jetzt vielleicht vermutest. Ich bin mir sicher, du hättest nicht erwartet, dass eines meiner Vorbilder Albert Einstein ist. Nicht, weil er Hijab getragen hätte oder Froschaugen hatte, so wie ich, nein, weil er genauso wie ich, wie Leeroy oder Hana, belächelt und ausgelacht wurde. Niemand hat an ihn geglaubt. Vor allem, als ich in der Schule wegen meiner schlechten Mathematik-Noten von Mitschülern, Eltern und Lehrern runtergemacht wurde, half mir der Physiker dabei, mit der Negativität umzugehen. Auch er war schlecht in der Schule gewesen, hatte grauenhafte Mathematik-Noten, aber hat es trotzdem geschafft und ist bis heute in unser aller Munde. Niemand wird als Superheld geboren. Nur selten kommt Erfolg von selbst. Auch Albert Einstein musste sich erstmal gegen Hater durchsetzen. Das inspiriert mich und hat mir dabei geholfen, meine Stärken zu identifizieren.

Dass selbst ich jemals ein Vorbild sein würde, hatte ich nie erwartet, nachdem ich aber die ersten Fotos von mir und meinem Kopftuch in den sozialen Medien veröffentlicht und bemerkt habe, dass die Menschen das feiern, dass mein Hijab mein Hijab ist und ich meine Stärke nun endlich nicht mehr mit Scham, sondern mit Stolz tragen kann, erreichten mich einige Nachrichten und Kommentare, die mich noch heute zum Nachdenken bringen. Denn plötzlich war ich ein Vorbild, eines wie jene, an denen ich mich früher orientiert habe. Mädchen waren begeistert davon, dass ich Hijab trage, trotzdem aber Spaß am Leben habe, mich schminke und in den sozialen Medien unterwegs bin. Im Islam wird das Tragen des Kopftuchs wie bereits erwähnt oft mit einer Art Zwang in Verbindung gebracht. Trägst du Hijab, so musst du verzichten. Vieles sei verboten. Dabei ist das absoluter Schwachsinn. Es ist nicht verboten, Spaß zu haben. Es ist nicht verboten, sich zu schminken oder in den sozialen Medien unterwegs zu sein. Und mit meiner Präsenz konnten sich junge, unsichere Mädchen, genauso wie ich damals eines war, daran orientieren, und sie haben gemerkt, es geht auch anders. Dadurch wusste ich, ich tat das Richtige.

2. ERKENNE DEINE STÄRKEN

Vielleicht hat dir dein Vorbild bereits dabei geholfen, zu erkennen, wo deine Stärken liegen. Was macht dich einzigartig? Was hebt dich von der Masse ab? Mit diesen Fragen musst du dich beschäftigen, wenn du deinen

Hijab finden und damit umzugehen lernen willst. Ich weiß, es gibt viele Hater da draußen, und wir lassen uns viel zu sehr von ihnen beeinflussen. Versuche, dich in Zukunft nicht von deinen Hatern beeinflussen zu lassen, sondern von deinen Fans. Wenn du dir jetzt denkst »Die Baraa ist doch verrückt, ich habe keine Fans«, dann täuschst du dich gewaltig, denn wir alle haben Menschen in unserem Leben, die zu uns hinaufschauen, die in uns ein Vorbild, eine starke Person und etwas Besonderes sehen. Leider fällt es uns viel einfacher, negative Kommentare, Hass und Neid wahrzunehmen und in Erinnerung zu behalten, aber ich bin mir sicher, auch deine Stärken wurden bereits von deinen Mitmenschen erkannt. Vielleicht ist deine beste Freundin dein Fan, sie findet deine bunten Haare, deine Manga-Outfits oder dein Nasenpiercing super und wünscht sich sogar, auch den Mut aufzubringen, etwas Ähnliches zu tragen! Vielleicht ist dein kleiner Bruder dein Fan, der dich einfach nur cool findet und am liebsten so sein würde wie sein älteres Geschwisterchen. Vielleicht hast du einen heimlichen Verehrer, der dich besonders interessant findet, einfach, weil du anders bist, als all die anderen.

Dir muss bewusst werden, dass auch in dir ein Vorbild steckt. Dass es Menschen gibt, die gern mehr so sein würden wie du! Menschen, die deine Schwäche bereits vor dir für eine Stärke gehalten haben und bereits wissen, was DEIN Hijab ist.

Beobachte dich selbst

Um dir deiner Stärken besser bewusst zu werden, musst du dich darin üben, dich und dein Verhalten zu beobachten. Ich bin die Meisterin der Selbstreflexion. Manchmal betreibe ich das sogar zu exzessiv, aber es ist wichtig, um uns selbst besser kennenzulernen und unser Ich zu verstehen. Ich beobachte mein Verhalten 24/7, zum Leidwesen meines Mannes, denn ich berichte ihm auch ständig über meine Gedanken und Erkenntnisse. Ich versuche immer, das Beste aus mir herauszuholen, und will mich selbst verbessern, außerdem will ich verstehen, in welchen Momenten ich falschliege und in welchen Momenten ich mir sicher sein kann, dass mein Gegenüber falschliegt und grundlos Negativität versprüht.

Wir kennen doch alle das Reflektieren unter der Dusche oder vor dem Einschlafen. Wir gehen Konflikte, Diskussionen oder unangenehme Gespräche noch einmal in unserem Kopf durch und plötzlich fallen uns bessere Argumente, schärfere Antworten und gezieltere Fragen ein. Wenn du denkst, dass das nachträgliche Reflektieren sinnlos ist, da wir die neu gesammelten Argumente sowieso nicht mehr in das bereits vergangene Gespräch einbauen können, dann irrst du dich. Denn auch wenn wir am Gesprächsausgang per se nichts mehr ändern können, so können wir etwas über uns und unser Gegenüber lernen. Denn oft erst im Nachhinein schaffen wir es, rational und sachlich zu denken.

Ich bin und war schon immer ein kleines Sensibelchen. Ich achte sehr darauf, meine Mitmenschen nicht zu verletzen, und wenn ich in Konfrontationen gerate, dann fühle ich mich im Nachhinein oft schlecht, wenn ich meinen Ton erhöht oder zu defensiv reagiert habe. In solchen Situationen hilft mir die Selbstreflexion, denn so kann ich versuchen, zu erkennen, ob mein Verhalten in einer gewissen Situation gerechtfertigt war oder eben nicht. Merke ich, dass die Person, die die Konfrontation gestartet hat, eigentlich gar keinen Grund hatte, mich blöd anzumachen, dann weiß ich, ich habe richtig gehandelt.

Wird dir während deiner Selbstreflexion außerdem bewusst, dass dich jemand auf dein Äußeres reduziert hat oder dich angegriffen hat, ohne, dass du auch nur das Geringste falsch gemacht hast, so weißt du, es liegt nicht an dir, du machst nichts falsch und vielleicht passt ihm etwas an dir nicht. Dieses Etwas ist aber mit einer hohen Wahrscheinlichkeit eine Stärke, eine Besonderheit von dir, und nichts, was es zu verachten gilt.

Ignoriere destruktive Kritik, lerne aber, mit konstruktiver Kritik umzugehen

Auf der Suche nach deinem Hijab wirst du nicht daran vorbeikommen, dich mit Kritik auseinanderzusetzen. Denn niemand von uns ist perfekt und gerade durch konstruktive Kritik können wir zu besseren und selbstbewussteren Menschen werden. Egal, wie viel Selbstreflexion du betreibst, wenn du dich selbst nicht auch mit einem kritischen Auge betrachten und dein Verhalten infrage stellen kannst, dann wirst du dich nur sehr langsam weiterentwickeln. Wichtig ist daher, zu erkennen, welche Kritik du dir zu Herzen nehmen solltest, und bei welchen Äußerungen du erst gar nicht hinhören solltest.

Kritik bedeutet nicht immer, angegriffen zu werden. Wir werden später noch auf einige solcher negativen, destruktiven Beispiele zurückkommen, versuchen wir jetzt aber, uns auf die konstruktive Kritik zu fokussieren. Denn es gibt Menschen, die wollen dir dabei helfen, deine Stärken zu identifizieren und dich zu der besten Version deiner selbst zu machen. Kritik aus deinem Umfeld, Kritik von Menschen, die dich lieben, die solltest du dir zu Herzen nehmen. Dein Freund, deine Oma oder dein Vater wollen dir hoffentlich nichts Böses. Ihre Anmerkungen zu deinen Entscheidungen entspringen der Liebe. Daher lohnt es sich auch, darüber nachzudenken. Kritik und Äußerungen von Fremden oder von Social-Media-Trolls wiederum solltest du in 99,9 Prozent der Fälle ignorieren, aber dazu später mehr.

Dein größter Kritiker bist du selbst

Hör endlich damit auf, dich ständig selbst zu kritisieren. Ich weiß, wovon ich spreche, und es ist toxisch.

Wenn du selbstbewusster durchs Leben schreiten möchtest, wenn du deine Stärken erkennen und sie dafür akzeptieren möchtest, dann musst du damit aufhören, zu streng mit dir selbst zu sein. Wie oft am Tag verurteilst du dich selbst? Wie oft sagst du dir: »Ich bin dumm«, »Ich kann das nicht« oder »Die anderen sind besser, schöner, intelligenter«?

Drehe den Spieß um. Sei stolz auf deine Leistungen und deine Entscheidungen. Vielleicht gibt es Tage, an denen du Fehler machst. Dazu musst du stehen. Du musst reflektieren und daraus lernen. Aber es gibt mindestens genauso viele Tage, an denen du etwas schaffst, an denen du auf dich stolz sein kannst und an denen du dir selbst auch mal ein Kompliment machen darfst. Sei es, weil du eine gute Note nach Hause bringst, im Beruf einen Erfolg feierst oder einfach, weil du dich heute besonders gut fühlst, das Outfit passt oder die Haare sitzen.

3. HÖRE IN ERSTER LINIE AUF DICH SELBST

Ich bin überzeugt davon, dass wir unsere Stärken nicht identifizieren können, weil wir sie gar nicht erst ausleben oder an die Oberfläche geraten lassen. Wir alle haben diese innere Stimme, dieses leise Geflüster, irgendwo versteckt hinter Selbstzweifel, Unsicherheit und dem, was andere von uns erwarten. Vielleicht hättest du deinen Hijab schon längst erkannt, wenn du weniger auf andere Menschen und mehr auf dich selbst, deine innere Stimme und deinen Willen hören würdest.

Alte Vorsätze, verinnerlichte Glaubenssätze, die so überhaupt nicht stimmen, sind in unseren Köpfen eingebrannt. Egal, ob von den Eltern, der Gesellschaft, deinen Lehrern oder deinem Umfeld gegeben, sie beeinflussen dich, ob du willst oder nicht. Leider hindern sie uns aber daran, unsere Individualität auszuleben, unsere Stärken und Schwächen zu erkennen und uns selbst kennenzulernen. Folgen wir den Glaubenssätzen anderer, wissen wir dann überhaupt, wer wir selbst sind? Diese Frage hat mich lang beschäftigt, da die Menschen in meinem Umfeld immer wieder angenommen haben, besser zu wissen, was gut für mich ist und wie ich mich zu verhalten und zu präsentieren habe.

Du wirst es in deinem Leben
nie allen recht machen können.

Kennst du das Gefühl, niemanden enttäuschen zu wollen? Ich kenne es nur zu gut. Am liebsten würde ich es allen Menschen in meinem Umfeld recht machen, jeden glücklich stimmen, nur leider würde ich so selbst nie glücklich werden. Es hat lange Zeit gedauert, bis ich das verstanden habe, aber seitdem ich bewusst darauf achte, auf meine innere Stimme zu hören, und nicht mehr versuche, für andere zu leben, bin ich mir auch meiner

Stärken viel mehr bewusst geworden. »Damit wirst du kein Geld verdienen« ist wohl einer der klassischsten Glaubenssätze unserer Eltern. Mit Kunst, Musik oder als Selbstständiger wirst du in ihren Augen nie Erfolg haben. »Lern was Gscheites.« Auch das haben viele von uns sicher schon von ihren Eltern, ihren Großeltern oder ihren Lehrern zu hören bekommen. Folgst du diesen Aussagen dein Leben lang, gehst kein Risiko ein und stehst nicht zu dir selbst, wirst du vielleicht nie erfahren, was tatsächlich alles in dir steckt und was passieren würde, wenn du deine Passionen, deine Eigenheiten und deine Leidenschaften wirklich ausleben würdest.

Höre den Menschen in deinem Umfeld zu,
aber triff deine eigenen Entscheidungen.

Hätte ich immer das getan, was die Gesellschaft oder meine Familie von mir erwartet, dann wäre ich wahrscheinlich noch immer unglücklich in meinem Bürojob, würde ein Mindestgehalt verdienen und zutiefst unglücklich sein. Ich wäre auch nie ein Vorbild für andere geworden, denn ich hätte mich nie der Öffentlichkeit gestellt. Die Welt, in der wir leben, drückt Individuen in eine Ecke, sie stellt uns unter Druck und verursacht eine permanente Angst davor, Fehler zu machen. Solang wir so sind wie die Masse und mit dem Strom mitschwimmen, ist alles gut, sind wir Ausreißer, Individualisten oder leben unsere Andersartigkeit aus, so sind wir plötzlich Misfits. Du kannst versuchen, deine innere Stimme stummzuschalten, deine Besonderheiten verstecken oder unterdrücken, aber langfristig wird dich das nicht glücklich machen.

Ich spreche liebend gern mit älteren Menschen. Mit Menschen, die sehr viel Lebenserfahrung gesammelt haben und objektiv auf ihre Entscheidungen zurückblicken und so die besten Ratschläge geben können. Weißt du, was viele von ihnen am bittersten bereuen? Auf andere Menschen gehört zu haben. Nicht ihr eigenes Ding durchgezogen zu haben. Nicht das Business gegründet zu haben, von dem sie jahrelang geträumt haben. Nicht die Liebe ihres Lebens geheiratet zu haben. All das, weil Eltern, Freunde, Familie oder Gesellschaft dagegen waren. Solang du mit deinen Entscheidungen niemandem schadest, sollte dir auch niemand dabei im Weg stehen. Willst du deine Haare rot färben, willst du deine Tattoos auch endlich vor deiner Oma zeigen, willst du dich funky kleiden und deine kreative Seite in Form von verrückten Outfits oder exzentrischem Make-up ausleben, dann TU ES! Willst du anstatt Jus lieber Archäologie studieren, dann folge deiner inneren Stimme, auch wenn dir eintausend Menschen sagen, dass du damit keine Chancen am Arbeitsmarkt hast, denn das ist ein veralteter und völlig falscher Glaubenssatz. Egal, was du studierst, lernst, ausübst, solang du gut darin bist und eine Passion dafür hast, dich immer weiterbildest und Freude an deiner Arbeit oder deiner Ausbildung hast, wirst du auch erfolgreich damit sein. Hast du null Bock und gar kein Interesse an dem, was du für deine Eltern oder dein Umfeld machst, wird dir auch das beste Elitestudium keine erfüllte Zukunft versprechen. Niemand lebt dein Leben, außer dir selbst. Niemand wird Tag für Tag für dich in die Arbeit oder zur Schule gehen. Das kann und wird dir niemand abnehmen. Umso wichtiger ist es daher, dass du in erster Linie auf dich, deine inneren Bedürfnisse und Träume hörst. Verstecke niemals deine bunten, deine verrückten und deine kreativen Seiten, auch wenn du dabei auf Widerstand stößt. Lass die Blicke, die Kommentare und die Glaubenssätze anderer komplett abprallen und sei der Designer deiner Zukunft.

4. LEBE EINEN TAG SO, ALS WÄRST DU IM URLAUB

Es heißt ja immer »Lebe jeden Tag, als ob es dein letzter wäre«. Ich habe eine kleine Abwandlung dieses Lebensmottos entwickelt. Willst du deinen Hijab, deine Stärke, deine Besonderheit, identifizieren, sie ausleben, dann solltest du zumindest einen Tag lang versuchen, so zu leben, als wärst du im Urlaub. Um genauer zu sein: Es muss nicht unbedingt Urlaub sein, sondern es geht darum, einen Tag lang so zu leben, als wärst du ganz weit weg von deiner Heimat, deinem Umfeld, deinem Alltag. Hast du nicht auch das Gefühl, je weiter du von zu Hause weg bist, desto selbstbewusster wirst du plötzlich? Im Urlaub, am anderen Ende der Welt, am Meer, an einem Ort, der so anders ist, als dein normales Umfeld, traust du dich plötzlich mehr. Du trägst die Haare so, wie du sie schon seit Monaten stylen wolltest, du ziehst dieses eine Kleid an, das du zu Hause aus Angst vor den Reaktionen der anderen nur im Kasten verstauben lässt, und du zeigst deine offene, kreative und echte Seite viel eher, da du weißt, hier nicht plötzlich deiner Oma, deinem Lehrer oder deinem Nachbarn über den Weg zu laufen.

Ich will, dass du dieses Urlaubs-Ich auch mal in deiner Heimat rauslässt. Lebe, denke und handle für einen Tag bewusst so, als wärst du nicht in deinem Herkunftsort, sondern auf den Straßen New Yorks, den Stränden Thailands oder in den Szene-Cafés in Paris. Versuche, die Tatsache auszublenden, in Wahrheit am selben Ort wie jeden Tag zu sein, und versuche, dich in den Urlaubs-Modus, in dem dir die Meinung anderer plötzlich nicht mehr so wichtig ist, in dem du dich nicht beobachtet oder verurteilt fühlst, zu verfrachten. Auch wenn du dir unsicher bist und nicht weißt, ob du auf deine innere Stimme hören sollst, ihr folgen sollst, dann versuche zu überdenken, was dein Urlaubs-Ich machen würde. Würde es ein Risiko eingehen, würde es vielleicht weniger Angst davor haben, seine vermeintlichen Macken, Schwächen oder Besonderheiten zu zeigen? Probiere es! Du hast nichts zu verlieren.

ES IST NIE ZU SPÄT

Du fragst dich vielleicht, wann ich meinen Hijab als meine Stärke identifiziert habe. Das war nicht als Kind oder als Teenager, dieser Moment ist tatsächlich noch gar nicht so lang her. Ich war bereits eine junge Frau und habe viele, viele Jahre nicht gewusst, wer ich bin. In meiner Kultur sind leider auch noch heute viele Menschen der Meinung, Kopftuch-Trägerinnen könnten keine Models sein, keine Influencerinnen, überhaupt sollten sie sich nicht präsentieren, nicht schminken und ja nicht zu laut und auffällig sein. Auch Leeroy, Hana oder Fabio wussten mit Sicherheit nicht bereits als Kinder oder als verwirrte Teenager, dass ihr verrücktes Hobby, ihr Aussehen oder ihre körperlichen Einschränkungen in Wahrheit der Schlüssel zu ihrem Glück sind. Stresse dich also nicht. Manche Menschen finden ihren Hijab früher, manche später. Hauptsache, du fängst mit der Suche an. Verbanne alte Glaubenssätze aus deinem Gehirn, suche dir Vorbilder, die dir gleichen, die wegen ähnlicher Eigenschaften belächelt, vielleicht sogar gemobbt wurden. Versuche, deine innere Stimme zu entdecken, ihr zu folgen und Neues auszuprobieren, lebe deinen Tag so, als wärst du auf Urlaub. Und am allerwichtigsten, vergiss, wer du sein sollst. Und lerne, wer du wirklich bist.

Als ich mich allmählich auf die Suche machte, meiner inneren Stimme folgte und merkte, dass Menschen das, was ich immer für meine Schwäche hielt, als positives Attribut wahrnehmen, mich sogar als Vorbild sahen, hat es klick gemacht. Die 400 Likes haben ihre Spuren hinterlassen.

Auch ich habe verstanden, dass ich vergessen muss, wer ich sein soll, um mein Glück zu finden. Ich habe gelernt, dass es nichts bringt, meine wahre Identität, meinen Charakter und meine Besonderheiten zu verstecken, auch wenn die Gesellschaft das von mir zu erwarten schien. Ich musste losbrechen, von all den Vorurteilen, den Meinungen und den Erwartungen. Ganz besonders in dem Moment, als ich einen Anruf von Austrias Next Topmodel erhielt.

3

DER WIDERSTAND

Anders zu sein ist nicht immer einfach. So sehr ich auch für Individualität stehe, so sehr ich dich dabei unterstützen möchte, deinen Hijab zu finden, dazu zu stehen und ihn auszuleben, zu zeigen und stolz darauf zu sein, so wichtig ist es mir auch, ehrlich zu dir zu sein. Denn es wird nicht immer einfach sein, anders zu sein.

Der Widerstand gegen meinen Hijab, also gegen mein tatsächliches Kopftuch, hat, wie du bereits weißt, schon sehr früh in meiner Kindheit und Jugend begonnen. Klar, auch meine Schulkollegen haben mich wegen meiner Froschaugen und meines Aussehens kritisiert und verspottet, Widerstand gegen meinen Hijab kam allerdings in erster Linie von meinen Eltern. Hätte ich auf sie gehört und mich ihrer Meinung gebeugt, dann wäre ich heute nicht das Vorbild für viele Muslimas, aber auch für andere junge Frauen, die sich gegen Widerstand durchsetzen müssen. Ich weiß, sie wollten mich schützen, aber damals habe ich das nicht verstanden. Ich wollte doch nur ein Kopftuch tragen, wie meine Mutter auch, und wollte nicht verstehen, warum meine Eltern in dieser Zeit meine scheinbar größten Gegner waren. Heute verstehe ich sie. Ich verstehe, dass ihr Widerstand, im Gegensatz zu dem, den ich später erleben musste, bis zu einem gewissen Grad begründet war. Eigentlich waren sie es, die mich vor Widerstand, Hass und Verständnislosigkeit schützen wollten.

»Du hast mit deinem Kopftuch
in Österreich nichts zu suchen,
entweder du integrierst dich oder
du fliegst wieder zurück nach
Afghanistan.«

»Dein Ehemann zwingt
dich doch dazu.«

»Die arme Frau wird
doch unterdrückt.«

»Shame on you. Du bist eine
Schande für unsere Religion.«

»So hat sich eine Muslima
nicht zu benehmen.«

»Du trägst einen Hijab und
präsentierst dich?«

»So hat sich eine Mutter
nicht zu benehmen!«

Widerstand gibt es in meinem Leben schon seit ich denken kann. Zuerst waren es die Mitschüler, dann die Eltern, Menschen auf der Straße, ja sogar Freunde. Leider ließ der Widerstand auch nicht nach, als ich mit Social Media begonnen habe. Wie du dir vorstellen kannst, wurde es nur noch schlimmer. Klar, die vielen positiven Kommentare, die mir dabei geholfen haben, meinen Hijab als meine Stärke zu identifizieren, waren herzerwärmend und haben mich in meinem Vorhaben und meiner Person als Gesamtheit bestätigt. All die negativen Kommentare, der Widerstand und der Hass, der gleichzeitig auf mich einprasselte, haben mich allerdings zurückgeworfen und erneute Zweifel ausgelöst. Die einen schienen mich zu lieben, sahen mich als Vorbild an, haben mir Kraft und Positivität geschenkt, während die anderen mich zu verachten schienen. Ich nehme mir Kommentare auf den sozialen Medien mittlerweile kaum mehr zu Herzen, aber damals waren die Beleidigungen, der Hass, vor allem aber auch die Kritik an mich als Mutter mehr als nur verletzend. »Warum triggere ich die Menschen so sehr? Warum können sie mich nicht in Ruhe lassen? Ich tue doch niemandem etwas zu Leide!«, waren in dieser Phase meine Einschlafgedanken. Den Widerstand meiner Eltern kann ich heute verstehen und einordnen. Den Widerstand meiner Schulkollegen kann ich heute als kindliche Naivität und als Teenager-Getue einordnen. Aber der Hate in den sozialen Medien übertrifft sogar die älteren Damen in der Wiener Innenstadt, die immer wieder Kommentare über mein Aussehen, meine Herkunft und vor allem gegen meinen Hijab haben fallenlassen. Der Hate im Internet ist meiner Meinung nach noch viel krasser. Auf der Straße sagen mir die Menschen wenigstens ihre Meinung ins Gesicht. Mehr oder weniger. Im Internet verstecken sie sich hinter ihren Profilen, hinter ihren Handys, ihren Bildschirmen. Sie müssen mir nicht in die Augen sehen, wenn sie mich, meine Familie, meine Religion oder meinen Hijab beleidigen. Das schlimmste dabei: Sie haben keine Ahnung, worüber sie eigentlich sprechen. Sie verbreiten Stereotype, reduzieren Menschen auf ihre Herkunft, ihr Aussehen oder ihre Religion, und ihre Kommentare sind noch dazu für ein Millionenpublikum sichtbar. Ihre Dummheit kann sich also sehr schnell wie ein Virus verbreiten.

Ich möchte dir keine Angst machen. Denn ich bin der Meinung, egal, was dein Hijab ist, egal, was es ist, das dich anders macht, du darfst es nicht verstecken. Du musst dich der Konfrontation stellen, denn wie gesagt, bist du anders, wirst du zwangsläufig auf Widerstand treffen. Das ist allerdings keinesfalls ein Grund, klein beizugeben. Denn wir sind dafür verantwortlich, die Welt bunter, individueller und verrückter zu machen. Egal, was die Hater sagen. Denn hätte ich immer und immer wieder nur auf meine Hater und Gegner gehört, dann wäre ich heute nicht die Baraa, die ihr kennt, die glücklich ist, die ihren Hijab mit Stolz trägt und Abenteuer gewagt hat, auch wenn niemand, oder kaum jemand, an mich geglaubt hat. Von einem dieser Abenteuer möchte ich dir gern erzählen, denn der Widerstand, den ich damit ausgelöst habe, prägt mich noch heute.

DAS TROJANISCHE PFERD

Wenn ich an den Tag zurückdenke, an dem mich der Produzent der österreichischen Model-Casting-Show *Austrias Next Topmodel* anrief, muss ich schmunzeln. Den Anruf bekam ich 2019, das war noch vor meiner Zeit im IT-Bereich, noch bevor ich wusste, was mich einzigartig macht, und noch bevor ich auf Social Media sonderlich aktiv war. Ich hatte damals zwar schon einen Account, allerdings drehte sich der Content nicht um mich, sondern um Fashion und Mode, eine meiner Leidenschaften, die allerdings konkret, mit mir als Baraa, mit mir, meinen Glupschaugen und meinem Hijab, nicht viel zu tun hatte.

Ein paar Monate vor dem ersten Telefonat mit den Sendungsverantwortlichen hat mich die *Wienerin*, ein österreichisches Lifestyle Magazin, für ein »Interview« angefragt. Die Anführungsstriche deshalb, weil es sich dabei um einen Miniabsatz mit einem Minifoto in der linken Ecke der achten Seite gehandelt hat. Eigentlich kaum der Rede wert, für mich damals aber eine unglaublich große Sache, die mir sehr viel Spaß gemacht hat. Ich war damals sehr stolz auf diesen Miniartikel und ein Foto davon ist sogar heute noch auf meinem Instagram-Kanal zu sehen. Jedenfalls klingelte ein paar Monate später das Telefon. Nach dem Artikel in der Wienerin ist alles ziemlich schnell gegangen. Wie ein Schmetterlingseffekt hat plötzlich eins zum anderen geführt und plötzlich hieß es: »Wir wollen dich. Wir bieten dir die Wild Card an, somit bist du sofort dabei. Ohne Castings.«

Ich war völlig überwältigt. »Ich glaube, ich habe es manifestiert«, waren meine ersten Gedanken. Was ich damit genau meine und wie sehr mir das Manifestieren schon geholfen hat, erzähle ich dir später, jedenfalls wusste ich, dass das Schicksal, Allah, Gott oder woran auch immer du glaubst, es so wollte. Früher war ich ein großer Fan dieses Formates, vor allem die deutsche Version der Model-Show habe ich als junge Frau geliebt. Damals träumte ich davon, eines Tages Model zu werden, dass dieser Traum jemals so zum Greifen nah sein sollte, hätte ich mir nie gedacht. Als ich die Staffel des Vorjahres, 2018, mit meinem zwangsweise mitfiebernden Mann verfolgte, fragte ich ihn: »Hey, was hältst du davon, wenn ich als Hijabi dort mitmache? Als erstes Kopftuch-Model in ganz Europa, oder zumindest in Österreich.« »Die werden dich niemals annehmen, das geht nicht«, war seine Antwort. Damit meinte er nicht, dass er mich zu hässlich findet oder denkt, ich könnte kein Model sein. Er dachte da eher an die altbekannten

Nacktshootings, an die Männershootings und generell die doch eher freizügigere Kultur, die sich nicht unbedingt mit meiner Religion vereinbaren lässt. Na ja, ein Jahr später kam das Angebot, ohne dass ich mich beworben hatte, mit direkter Chance zum Einzug in die Model-Villa.

Sei dir deiner Grenzen bewusst

Ich wusste, ich stand vor einer wichtigen Entscheidung, die ich nicht leichtfertig treffen konnte. Auch wenn ich eine Frau wie jede andere bin, so hat es für mich als gläubige Hijabi doch ein paar Hindernisse gegeben, was die Teilnahme bei ANTM betrifft. Klar, ich wollte unbedingt modeln, vor allem aber wollte ich ein Zeichen setzen. Ein Zeichen für andere Hijabis, aber auch für Frauen wie dich, wie Hana oder Abbie. Für Menschen wie Leeroy oder Fabio, für alle, die nicht unbedingt der Norm entsprechen. Für alle, die denken, sie passen nicht hinein, sie gehören nicht dazu, für alle, die denken, sie seinen Außenseiter, so wie ich damals.

Um das möglich zu machen, musste ich meine Grenzen aufzeigen, denn sonst hätte die Teilnahme nicht geklappt. Die Produktion wusste, dass ich gläubige Hijab-Trägerin bin, ich weiß nicht, wie gut sie sich informiert hatten oder wie sie sich meine Teilnahme an der Show vorgestellt hatten, denn mir war bewusst, ich kann die

Show nicht so durchziehen wie die Mädels, mit denen ich selbst jahrelang mitgefiebert habe. Mir war es also wichtig, gewisse Dinge im Vorfeld zu klären, schriftlich, mit Unterschrift beider Parteien, um sicherzugehen, dass ich meine Werte, meinen Glauben und mein Selbst auch während der Produktion vertreten kann. Meine Religion ist mir wichtig, warum genau, das wirst du noch erfahren, deshalb kam es für mich nicht infrage, gegen meinen Glauben und gegen meine ganz persönlichen Prinzipien zu agieren, so groß der Traum vom Modeln auch gewesen sein mag, mit mir selbst im Reinen zu sein, war mir auch damals schon wichtiger als Erfolg, Geld oder Ruhm. Außerdem muss es doch möglich sein, ein erfolgreiches Model zu sein, ohne im Fernsehen blank ziehen zu müssen.

Ich traf mich also mit dem Team, wir haben alles besprochen und uns darauf geeinigt, dass ich während der gesamten Produktion meinen Hijab trage, dass ich kein Männershooting, kein Nacktshooting und kein Bikinishooting machen muss. Interessanterweise fand in dieser gesamten Staffel zum ersten Mal kein Nacktshooting statt, auch das Männershooting gab es gar nicht, diese Bestandteile der Show wurden gestrichen. Ob das an meiner Teilnahme lag, weiß ich nicht, der Zufall war jedenfalls gegeben. Die Produktion stimmte, für mich sogar recht überraschend, all meinen Anforderungen zu. Ich hatte sogar das Gefühl, die Karten in der Hand zu haben, da sie mich unbedingt wollten. Ich schätze, die Quotenzahl war ihnen das wichtigste und mit einer Kopftuch-Frau, die da plötzlich neben halbnackten Models steht und ständig wie die »Queen der Extrawurst« behandelt wird, haben sie das allemal geschafft, aber der Reihe nach.

Eine folgenschwere Entscheidung

Obwohl die Redakteure und das Team sehr entgegenkommend waren und meine Forderungen angenommen haben, war ich mir nicht sicher, ob ich dieses Projekt tatsächlich durchziehen sollte. Meine Familie war sehr skeptisch. Sie konnten sich unter diesem Format nichts vorstellen, auch Erklärungen meinerseits, Videos oder Ausschnitte der letzten Staffeln haben keine Wirkung gezeigt, und sie waren, egal, was ich sagte und wie ich es erklärte, dagegen. Da ich mir aber nicht die Erlaubnis meiner Eltern holen musste, bereits eine eigenständige, erwachsene Frau und Mutter war, hat ihre Meinung letzten Endes nicht zu meiner Entscheidung beigetragen.

Mein Ehemann war auch nicht gerade begeistert von der Idee, ist mir allerdings nie im Weg gestanden und hat an mich appelliert, ich solle das machen, was ich für richtig halte. Ich wurde oft gefragt, wie mein Mann das zulassen konnte, denn leider kommt es auch heute noch vor, dass Männer in der muslimischen Gesellschaft das letzte Wort haben, auch was die Entscheidungen ihrer Frauen angeht. Aus diesem Grund bin ich umso mehr davon überzeugt, dass die Gesellschaft starke Vorbilder braucht, dass vor allem die muslimische Gesellschaft Role-Models mit Hijab braucht. Und damit Role-Models überhaupt erst entstehen können, müssen sich Menschen zeigen, Menschen, mit denen wir uns identifizieren können, Menschen, die uns helfen, unseren Hijab, unsere Stärke, zu identifizieren. Ein gewisses Pflichtgefühl machte sich in mir breit, als ich abwog, ob eine Teilnahme für mich überhaupt infrage käme. »Wir müssen uns nicht verstecken«, waren die Gedanken, die besonders präsent waren. Denn Lust hatte ich, und ich wollte ein Zeichen setzen, nur vor den Reaktionen der Zuseher hatte ich Angst, denn ich wusste, ich würde damit anecken, vielleicht sogar provozieren, ohne, dass es einen guten Grund dafür gibt. Ich hatte es satt, dass vor allem die Männer in der muslimischen Gesellschaft davon ausgehen, eine Frau, die sich bedeckt, hätte sich nicht zu zeigen. Leider ist es auch heute noch für viele Männer, aber auch Frauen, so: Trägst du einen Hijab, hast du dich nicht zu zeigen. Am besten, du bist eine Stay-at-Home-Mom. Aber weder deine Familie noch die Gesellschaft, dein Mann oder sonst jemand hat dir vorzuschreiben, wie du dein Leben zu leben hast. DU musst glücklich sein, nicht die anderen. Ich hatte es satt, als bedeckte Frau so angesehen zu werden, als wäre ich ein Diamant, der versteckt werden muss. Tatsächlich habe ich schon oft solche Kommentare gehört, die in meinen Augen nur noch lächerlich sind.

Nach einigen intensiven Gesprächen mit mir selbst, nach tiefen Gedankengängen und viel Selbstreflexion habe ich mich dann genau aus diesen gerade angesprochenen Gründen dafür entschieden, bei der Show teilzunehmen. Alles immer noch im Rahmen meiner islamischen Möglichkeiten, im Rahmen meiner Religion und im Rahmen meiner Moral, denn das war mir sehr wichtig. Nachdem die Produktion, wie gesagt, auf jeden meiner Wünsche einging und sehr entgegenkommend war, stand mir eigentlich nichts mehr im Weg und ich nahm die Challenge, das Abenteuer, diese scheinbar unglaubliche Chance an.

Und: Action!

Meine Eltern wussten erstmal nichts von meiner Entscheidung. Sie waren gerade in Tunesien, als die Dreharbeiten begonnen haben, sie haben also nicht mitbekommen, dass ich, gemeinsam mit meinem Mann und meinem Sohn nach Nizza und Monaco geflogen hatten, um dort an den Dreharbeiten teilzunehmen. Sie haben zwar verdient, die Wahrheit zu erfahren, ich wollte mir damit aber noch etwas Zeit lassen und das Projekt für mich, ohne negative Emotionen und Schuldgefühle in Angriff nehmen. Dass mein Sohn und mein Mann mitkommen durften, hat meine Entscheidung auch um einiges erleichtert. Die Produktionsfirma schien mir jeden Wunsch von den Lippen abzulesen, also habe ich angemerkt, dass ich einen Sohn habe, der noch gestillt werden muss, er war gerade erst sechs Monate alt. »Kein Problem«, hieß es seitens der Produktion, und so konnte ich ruhigen Gewissens in die Model-Villa einziehen, während mein Mann und mein Sohn unweit entfernt in einem Hotel einquartiert waren. Untertags war ich Model, abends Mama.

Es ist schwierig, die Zeit in der Villa, die Dreharbeiten und die generelle Produktion zu beschreiben, denn die Euphorie und die Vorfreude wurden mit Start der Dreharbeiten ziemlich schnell im Keim erstickt. Ich hatte es nicht leicht, habe mich sehr unwohl gefühlt und auch in gewisser Art und Weise hintergangen. Lange wollte und durfte ich aufgrund der Schweigepflicht auch nicht darüber sprechen, was hinter den Kulissen geschah, wie es mir und auch den anderen Mädels wirklich dabei ging und was meine Meinung zu der Abwicklung der Produktion ist. Aber jetzt darf und will ich es kurz ansprechen, denn es hat nicht nur mich als Person geformt und letzten Endes zum Glück stärker gemacht, es hat mich in erster Linie einem wahnsinnigen Widerstand ausgesetzt, den ich so zuvor noch nicht gekannt habe.

Ich war mir schon bewusst, worauf ich mich eingelassen hatte. Ich wusste bereits im Vorfeld, dass hinter den Kulissen von Modelshows nicht immer alles so glamourös, so herzlich oder so ehrlich abläuft, wie es den Zusehern vorgegaukelt wird. Ich wusste auch, dass bei der Ausstrahlung noch einmal alles anders kommen konnte, als ich es erwarten würde, denn gerade bei Reality- oder Castingshows sind wahre Schnittmeister am Werk. Trotzdem war ich nicht auf das, was noch kommen sollte, vorbereitet. Ich glaube, darauf ist niemand tatsächlich vorbereitet, und es wundert mich auch heute nicht mehr, dass viele Ex-Kandidatinnen der deutschen Version offen über ihre psychischen Probleme, ihre Depressionen, Angstzustände oder sogar über ihre Suizidgedanken sprechen, die sie nach der Teilnahme tagtäglich begleiteten. Auch ich habe leider sehr schnell gemerkt, dass die Produktion mit ihrem Entgegenkommen und ihrer Offenheit meinen »Ansprüchen« oder »Forderungen« gegenüber ein klares Ziel verfolgte und nicht aus reiner Nächstenliebe handelte. Sie wollten mich in eine Rolle stecken. Für die Reichweite, für das Drama, für die Show. Ich sollte das Opfer, die Zicke, die Dramaqueen sein. Die Muslima, die mit dem Kopftuch, die, die nicht alles mitmachen darf, die immer Extrawünsche hat, die, die eine Sonderbehandlung bekommt, während die anderen keine Vorteile genießen dürfen. Dann waren da eben noch die anderen Models. Neben den offensichtlichen Spannungen, die durch meine »Sonderbehandlungen« entstanden sind, war ich außerdem Quereinsteigerin. Ich war nicht von Tag eins an dabei, wie die anderen, sondern ich bin etwas später hinzugestoßen, das schmeckte natürlich niemandem. Ich habe mich von Anfang an ausgeschlossen gefühlt, habe die Blicke und das Geläster der anderen so oft wahrgenommen und mich ziemlich allein gefühlt. Meine autoritäre Art, die ich als Selbstschutz gegenüber der Produktion an den Tag gelegt hatte, um eben nicht als Opfer dargestellt zu werden, um mich nicht unterkriegen zu lassen und nicht erneut die »arme, unterdrückte Kopftuchfrau« darzustellen, sondern ein Vorbild zu sein, hat den Mädels natürlich auch nicht geschmeckt. Die meisten von ihnen waren auch um einiges jünger als ich, noch Teenager, und sind mit der Menge geschwommen. Ich war das rote Tuch in ihren Augen. Auch der generelle Druck, das ständige Drehen 24/7 und der Konkurrenzkampf machten mir, aber sicherlich auch den anderen Mädels, sehr zu schaffen. Dabei wollte ich nicht teilnehmen, um ein Model zu sein, um zu gewinnen, sondern um ein Statement zu setzen, um zu zeigen, dass ich es trotz meines Hijabs, meiner Besonderheit, meiner Andersartigkeit, schaffen kann. Um zu zeigen, dass ich mich nicht halbnackt ausziehen oder im Bikini posieren muss, sondern dass Schönheit auch bedeckt stattfinden kann und auch eine Frau mit Kopftuch ein Model sein kann.

Ein Oberteil aus Hartplastik und ein Luxus-Zimmer

Die Produktion wusste ganz genau, wie sie mich triggern. Um mich bei den Mädels noch unbeliebter zu machen, als ich ohnehin aufgrund meiner vermeintlichen Extrabehandlung war, habe ich, anders als die anderen Teilnehmerinnen, ein Zimmer für mich allein bekommen. Während die anderen Models gemeinsam in dachbodenartigen Mehrbettzimmern lebten, bekam ich eine Luxus-Suite mit einem riesigen Badezimmer, fast schon wie mein eigener Spa-Bereich. Abgesehen von dem Zimmer, das auch meinem Mann und meinem Sohn bereitgestellt wurde, war dieser Unterschied in der Behandlung zwischen meinen Mitstreiterinnen und mir mehr als evident. Als ich realisierte, wie unterschiedlich unsere Schlafverhältnisse sind, habe ich die Produzenten darauf aufmerksam gemacht, dass ich ein King-Size-Bett habe und mindestens noch drei weitere Models bei mir Platz hätten. Ich habe darauf bestanden, dass sie bei mir schlafen sollen, die Produktion hat das natürlich vehement abgelehnt und ab diesem Moment war ich mir sicher, dass es beabsichtigt war, dass sie ein Spiel spielten, um mich vor den Mitstreiterinnen und auch vor dem Publikum zur Hassfigur zu machen. Es tat weh, die Böse zu sein, die, die besser als die anderen behandelt wird und die sich in den Augen der anderen für etwas Besseres hält. Ich habe trotzdem versucht, mein

Gesicht zu wahren, habe bei Interviews, auch wenn sie immer und immer wieder versuchten, es aus mir rauszukitzeln, nie schlecht, abwertend oder genervt über meine Mitstreiterinnen gesprochen und mich nie beschwert, um zumindest in den Interviews zu zeigen, dass ich keine verwöhnte Prinzessin, sondern eine hart arbeitende und ehrgeizige junge, emanzipierte Frau bin.

Immer und immer wieder fand ich mich in Situationen, die vermeidbar gewesen wären, die extra kreiert wurden, um Show, Drama und Spannung zu erzeugen, auf Kosten der Models. Es muss in der achten oder neunten Folge gewesen sein, als eine bekannte österreichische Designerin zu Gast war, um uns ihre Mode für den Laufsteg zur Verfügung zu stellen und als Jurorin zu fungieren. Ihre Kleider sind in der Regel ausgefallen, bunt und mit verschiedensten Materialien gemixt, so auch die Outfits, die sie für uns dabeihatte, denn sie bestanden aus Hartplastik. Teil meiner Voraussetzungen, die anfänglich vertraglich festgehalten wurden, war, dass ich meine Arme nicht nackt zeigen möchte. In der Regel wussten alle Show-Beteiligten darüber Bescheid, ich bin mir sicher, dass auch diese Designerin informiert wurde, trotzdem drückte sie mir einen kurzen Rock und ein Kurzarmoberteil in die Hand. Sie strahlte mich mit funkelnden Augen und einem fast schon erzwungen erwartungsvollen Blick an und fragte: »Und, gefällt dir dein Outfit, Baraa?« Sie wollten mich herausfordern. Sie wollten, dass ich erneut die Extrawurst bin, die sich beschwert und die nie zufrieden ist. »Ja voll, sieht geil aus, gefällt mir absolut«, erwiderte ich, während ich mich innerlich fragte, warum sie so heuchlerisch ist, denn andere Mädels hatten Outfits mit langen Ärmeln und verdeckten Beinen. Als die Kamera weg war, ergriff ich meine Chance und rief die Designerin zur Seite. »Ich weiß nicht, ob es dir gesagt wurde, aber ich habe ausdrücklich gesagt, dass ich keine Kurzarmoutfits tragen möchte und auch zumindest meine Knie bedecken will. Das war von Anfang an so ausgemacht und mir wurde versichert, dass die Produktion das respektiert.« »Ja, aber warum?«, war ihre recht unbeeindruckte Reaktion. Ich habe ihr dann erklärt, wieso ich das nicht möchte, welche Vereinbarungen im Vorfeld getroffen wurden, und nachdem sie mich mit einer schlechten Ausrede über ihr angebliches Unwissen abspeiste, riet sie mir, ich solle mir selbst überlegen, wie ich das Outfit so kombiniere, dass ich es auch tragen kann. Zu meinem Glück hatte ich an diesem Tag einen Leopardenmuster-Langarmbody an, den ich unter dem Plastikshirt trug und der eigentlich richtig cool ausgesehen hat, ein anderes Model borgte mir Leggings, so konnte ich auch meine Beine bedecken und habe mich wider Erwarten relativ wohl in meinem neu kombinierten Outfit gefühlt. Ich habe mich gefreut, wir haben schnell eine Lösung gefunden, die Designerin schien zufrieden, und ich habe die Runde auf dem Laufsteg mit Bravour bestanden. »Ahm Baraa?«, schrillte plötzlich die Stimme der Designerin, als ich bereits mein Foto erhalten und die Runde bestanden hatte. »Einen Moment bitte, du meintest vorhin hinter dem Vorhang, da, wo die Kamera nicht da war, dass du dich nicht so zeigen darfst. Warum ist das so? Warum darfst du nicht?« Ich war wütend. »Nein, ich habe nie gesagt, dass ich nicht kann oder darf, ich habe gesagt, ich möchte das nicht. Weil es meine freie Entscheidung ist. Es hat nichts damit zu tun, dass mein Vater oder mein Mann mir verbieten, mich zu kleiden, wie ich möchte, sondern es ist meine Entscheidung und meine Wahl. Und das habe ich dir auch gesagt, ich habe es vorab mit der Produktion geklärt. Wo liegt jetzt also das Problem?«, erwiderte ich, geschockt davon, dass die Produktion erneut versucht hatte, mich wie das Opfer darzustellen. Anstatt mich endlich in Frieden zu lassen und meine Antwort zu akzeptieren, bohrte sie weiter nach: »Ich dachte, du darfst das nicht, ich dachte, jemand hat dir gesagt, wie du dich zu kleiden hast.« In diesem Moment habe ich gelernt, Hatern die Stirn zu bieten und auch einmal zu kontern. Die unglaublich hässlichen Stiefel der Designerin waren mir bereits ins Auge gestochen, als sie die Location betreten hatte, als ich mich von ihr in eine Ecke gedrängt fühlte, schoss es aus mir heraus: »Und hat dich dein Vater dazu gezwungen, diese pinken, hässlichen Schuhe zu tragen?« Ihr Blick sprach Bände, der Moderator unterbrach die Situation, und ich war stolz darauf, nicht auf die Spielchen eingegangen zu sein und meine Stärke gezeigt zu haben. Monate später wartete ich auf die Veröffentlichung dieser Szene. Ich wusste, sie musste in dieser einen Episode erscheinen, wenig überrascht stellte ich allerdings fest, dass dieser Schlagabtausch herausgeschnitten wurde. »Die Designerin wollte das nicht«, so die Erklärung der Produzenten.

Ich möchte hier nicht zu weit ausschweifen. Ich könnte noch viele Seiten über die Dreharbeiten, die Spielchen der Produktion und das Leid der Models schreiben, aber darum geht es mir nicht. Heute würde ich nicht noch einmal an einer Show dieser Art teilnehmen und ich würde es auch niemandem raten. Sollte es dein Traum sein, dann will ich ihn dir nicht ausschlagen, aber sei vorsichtig. Ich konnte zwar zeigen, dass es auch mit Hijab kein Limit nach oben gibt, dass du mit einer potenziellen Schwäche trotzdem Model, Politikerin oder sogar Astronautin werden kannst, wenn du es nur möchtest, allerdings fühlte ich mich während der gesamten Zeit bei ANTM wie eine Marionette, und das ist nicht das, was ich repräsentieren wollte. Ja, ich war zwar das erste Hijab-Model in Österreich, vielleicht sogar in ganz Europa, aber in Wahrheit diente ich einzig als Unterhaltungstool, ich durfte nicht die sein, die ich sein wollte, ich wurde in Rollen gezwängt und habe mich, wie die anderen Mädels auch, letztendlich nur wie ein Stück Fleisch gefühlt. Ich hoffe trotzdem, dass ich durch meine Teilnahme zumindest ein paar Menschen Mut machen konnte.

Der Afterglow

Ich wusste, ich würde mit meiner Teilnahme polarisieren. Schon bevor ich den Vertrag unterschrieb, wusste ich, dass ich Hate bekommen würde. Auch mein Mann hat mich darauf aufmerksam gemacht und mich davor gewarnt, dass der Hate von beiden Seiten, also sowohl von der muslimischen Community als auch von der österreichischen Community hereinprasseln würde. Ich war also darauf gefasst, trotzdem habe ich die Welle, die nach der Ausstrahlung losgetreten wurde, eindeutig unterschätzt. Eines Morgens wurde ich von einer Nachricht einer Followerin geweckt. Sie schickte mir ein Foto von mir in meinem Burkini auf der Titelseite der Heute, einer österreichischen Boulevard-Zeitung. Auch andere Zeitungen hatten über meine Teilnahme berichtet, am lautesten waren natürlich die Kommentare auf den sozialen Netzwerkseiten, in den Foren der Online-Zeitungen und die Nachrichten, die mich persönlich erreichten. »Eine muslimische Frau hat im Fernsehen nichts zu suchen.« Kommentare wie diesen habe ich ständig aus der muslimischen Community vernommen oder gelesen, bis ich realisiert habe, dass viele der Hater nicht einmal eine Folge gesehen, sondern ihre Kommentare nur auf Zeitungsartikel über meine Teilnahme bezogen haben. Ich wurde tatsächlich beschimpft, gehasst, in erster Linie vor allem aber verurteilt. Dabei ist das Urteilen in meiner Religion, dem Islam, Haram, es ist verboten. Paradoxerweise lieben es die muslimischen Internettrolls und Hater, zu urteilen, ohne überhaupt zu wissen, wovon sie sprechen oder was sie damit anrichten. Hätte ich meine Religion verachtet, wäre ich respektlos damit umgegangen, dann würde ich den Hass verstehen. Ich habe allerdings alles in meiner Macht Stehende getan, um das zu vermeiden, habe mich angemessen verhalten, meine eigenen Regeln aufgestellt und in keiner Weise meine Religion in den Dreck gezogen, wie so viele Gläubige behaupteten. Ich habe mir sogar einen Schlagabtausch mit den Juroren geliefert und dafür gekämpft, dass meine Religion und meine Kultur nicht falsch dargestellt werden würden. Hätten sie auch nur eine Folge tatsächlich gesehen, dann hätten sie nicht so geurteilt, vielleicht wären sie sogar stolz auf mich gewesen.

Die österreichische Community hat leider auch, wie so oft, etwas zu meinem Verhalten, meiner Person und meiner Teilnahme zu sagen gehabt. »So ein Kopftuchweib hat in der Sendung nichts zu suchen«, war der generelle Tenor der Kommentare aus der österreichischen Hater-Fraktion.

Es war nicht einfach. Die erste Woche nach Ausstrahlung war eine der anstrengendsten und traurigsten Wochen meines Lebens. Ich habe mich nicht mehr getraut, meine Wohnung zu verlassen, denn die negativen Kommentare gingen irgendwann in Drohungen über: »Wenn ich dich irgendwo in Wien sehen sollte, werde ich dein

Gesicht mit Säure übergießen«, so ein Mann der muslimischen Community. Ich war verängstigt, verunsichert, habe mir sogar in meiner Panik Pfefferspray bestellt und kaum mehr geschlafen. Weil ich Angst hatte. Weil ich traurig war. Weil ich nur aufgrund dessen, dass ich die war, die ich bin, verurteilt, gehasst und bedroht wurde.

Wenn du siehst, dass dein Gegenüber Fehler macht, kannst du es gern darauf hinweisen, aber du musst auf deinen Ton achten.

Bereits der muslimische Prophet Mohammed hat oft über das gute und rechte Benehmen gesprochen. Sinngemäß hat er sich also schon damals mit Hate, negativen Kommentaren und Mobbing beschäftigt und seinen Anhängern Folgendes mitgegeben: Siehst du, dass ein Bruder oder eine Schwester einen Fehler begeht, dann weise sie gern darauf hin, aber achte dabei auf deinen Ton, sei einladend und kläre es unter vier Augen.

Leider ist das heute wohl anscheinend in Vergessenheit geraten, denn gerade die muslimische Community, vor allem die Männer, haben mich mit ihrem Widerstand nach meiner Teilnahme in eine Depression getrieben und keinesfalls auf ihren Ton, ihren Ausdruck oder die Folgen ihrer Worte geachtet.

Wieder einmal habe ich mich einsam und anders gefühlt. Natürlich habe ich auch von beiden Seiten Zuspruch erhalten, ich wurde ermutigt, allerdings überwogen die negativen Kommentare, und wie so oft prägten sich diese auch viel schneller und stärker in meinen Kopf ein. Die Teilnahme bei Austrias Next Topmodel war interessant, aber noch einmal würde ich es keinesfalls machen. Ich habe auch heute noch das Gefühl, dass mir ein Trojanisches Pferd präsentiert, fast schon verkauft wurde. Auf den ersten Blick eine tolle Chance, ein Geschenk, eine Möglichkeit, ein Zeichen zu setzen, meine Karriere zu erweitern und Mädels da draußen zu zeigen, dass auch eine Hijabi alles in der Welt schaffen kann. Doch langsam bröckelte die Fassade, langsam brach das Pferd zusammen, und es kam zum Vorschein, dass hinter dem Angebot eine unethische Absicht stand. Vielleicht war auch ich zu blauäugig, um dieses Trojanische Pferd zu entlarven, bereuen tue ich allerdings nichts.

ES IST OKAY, WENN DU VERUNSICHERT BIST

Wenn du gerade dabei bist, deinen Hijab zu finden, zu identifizieren, oder ihn sogar schon kennst und auslebst, dann wirst du mit Sicherheit in irgendeiner Art mit Widerstand konfrontiert werden. Und das wird dich vermutlich verunsichern. Trotzdem darfst du nicht aufhören, du darfst nicht klein beigeben oder der Meinung der Hater folgen, sondern du musst ihnen erst recht zeigen, dass du eine Berechtigung hast, dich auszuleben, dass du, so wie du bist, gut bist, und dass dich ein wenig Gegenwind nicht so schnell aus der Bahn wirft, denn genau das wollen sie erreichen. Wir dürfen uns den Widerstandlern nicht unterwerfen, dürfen nicht auf sie hören und müssen lernen, mit Widerstand umzugehen, ihn zu unseren Gunsten zu nutzen und daraus unsere Kraft und unseren Erfolg zu schöpfen.

Trotzdem will ich dir sagen, dass es völlig normal ist, wenn du manchmal so gar keinen Bock mehr hast. Solang du nicht aufgibst und weiterhin an dich und deinen Hijab glaubst, dann können dir die Hater nicht viel anhaben. Die meisten von ihnen haben, wie ich bereits gelernt habe, sowieso keine Ahnung, wovon sie sprechen.

Die anderen regen sich auf, oft ohne zu kapieren, worum es eigentlich geht. Sie hören aber auf, sich aufzuregen, wenn du dein Ding machst und zu deinem Kopftuch wirklich und ehrlich stehst.

Leeroy, Abbie, Hana und Fabian haben in ihrem Leben, auf ihrem Weg zum Erfolg, mit großer Sicherheit ähnlichen Widerstand wie ich, vielleicht auch du, erleben müssen. Sie hatten damit zu kämpfen, so wie wir auch, fühlten sich verunsichert und waren vielleicht sogar kurz davor, ihre Karriere zu beenden, ihre Bemühungen zu unterbinden oder gar ihren Hijab abzulegen. Auch ich war ziemlich verunsichert, traurig, enttäuscht, hatte Angst und sogar Panikattacken und wollte mich am liebsten von der Außenwelt komplett abschotten, bis ich gelernt habe, mit Hate umzugehen, zu verstehen, woher er kommt, und zu realisieren, dass es nicht an mir, meinen Besonderheiten und meiner Individualität liegt, sondern an denen, die ihre eigene Negativität auf andere Menschen projizieren. Heute lasse ich das nicht mehr zu und ich hoffe, ich kann auch dir noch aufzeigen, wie du mit Gegnern und Widerstand umgehen kannst und dass Hate sehr viel mit Unwissenheit zu tun hat.

Ohne meine Teilnahme bei Austrias Next Topmodel wäre ich heute nicht die, die ich bin. Ich hätte wichtige Lernprozesse vielleicht erst später durchlebt und wäre nicht daran gewachsen. Außerdem hätte ich nie erfahren, was ich nicht möchte, denn auch diese Erkenntnis ist sehr viel wert. Der Hate, der Widerstand und die Drohungen haben mich zwar fast zerstört, aber ich bin wieder aufgestanden, denn eines weiß ich mittlerweile: Hate wird es immer geben, wichtig ist, zu lernen, wie wir mit diesem Hate, diesen Energien und diesen Emotionen, die uns entgegengebracht werden, umgehen und sie vielleicht sogar als unsere Stärke nutzen. Bis ich das geschafft habe, musste ich erstmal natürlich viel einstecken, die Lehren und Erkenntnisse, die ich daraus mitnehmen konnte, waren die Strapazen aber absolut wert.

4

SCHLUSS MIT DEM VERSTECKSPIEL

Die Welle an Hate, mit der ich mich nach meiner Casting-Show-Teilnahme auseinandersetzen musste, ist nicht spurlos an mir vorbeigezogen. Ich habe kein Interesse mehr daran gehabt, in der Öffentlichkeit zu stehen, da ich vor weiteren Hassnachrichten und Drohungen Angst hatte. Ich habe mich auf das Mutter-Sein konzentriert und gearbeitet. Bis zum Burnout. Während meiner Zeit bei dem Versicherungsunternehmen habe ich erst gemerkt, was es heißt, depressiv zu sein. Ich dachte, ich wusste es bereits, aus der Zeit nach ANTM, in der ich erst lernen musste, wie ich mit negativen Kommentaren umgehe, richtig schlecht ging es mir aber dann erst, als ich merkte, was es heißt, nicht dem eigenen Willen zu folgen und nicht zu sich selbst zu stehen.

Ich habe immer wieder auf Instagram gepostet, allerdings nur zum privaten Vergnügen, aus Langeweile oder einfach, weil es mir großen Spaß gemacht hat. Ich habe immer wieder Themen aufgegriffen, die ich interessant fand. Habe mit Mode begonnen, und dann, in einer der dunkelsten Zeiten, kurz vor meinem Burnout, habe ich damit angefangen, lustige, kurze Videos hochzuladen.

Videos, in denen ich meine Verrücktheit ausleben konnte, in denen ich lustig und einfach nur Baraa sein konnte, und siehe da, sie kamen nicht schlecht an. Klar, die Angst war noch immer da, erneut eine Welle an Hate zu erfahren, die islamische Community zu »enttäuschen« oder die österreichische Community zu »verärgern«, in diesem Moment war aber alles besser, als die berufliche Einöde, in der ich mich momentan befand.

Ich habe langsam bemerkt, dass ich erst dann glücklich sein kann, wenn ich bedingungslos ich selbst bin, egal, was die anderen sagen.

Ich habe dir ja bereits von dem Foto mit dem Hijab erzählt, welches so einiges in mir und an meinem Leben verändert hat. Mein neu erlangtes Selbstbewusstsein und meine Erkenntnisse über die Themen Hate und Widerstand haben es erst ermöglicht, dass ich dieses Foto poste und dass es, dank meiner Ausstrahlung und meiner Wahrhaftigkeit, so gut angekommen ist.

EIN ROLLKRAGEN, DER ALLES VERÄNDERTE

Ich habe nie explizit geplant, Influencerin zu werden, erfolgreich mit Social Media zu sein oder meine eigene Firma zu gründen, obwohl es doch immer ein Traum von mir war, mein eigener Boss zu sein. Die richtige Energie, ein Schuss neu erlangtes Selbstvertrauen, Verzweiflung, Widerstand, Mut und ein offenes Herz haben dazu beigetragen, dass ich mich und meinen Hijab nicht mehr verstecken musste, sondern dass ich es erst recht allen zeige.

Im November 2020 postete ich dieses eine Foto. Von mir, mit Hijab. Interessanterweise war es ein etwas offeneres Kopftuch, mein Hals wäre frei gewesen, darunter trug ich allerdings ein Neck-Cover, quasi eine Art Rollkragen, der als Unterkopftuch fungierte, so meinen Hals bedeckte und gleichzeitig ein cooles Farbspiel bot, denn Kopftuch und Neck-Cover hatten unterschiedliche Farben und machten den Look um einiges interessanter. Die Likes, die eintrudelten, machten mich perplex, sie zeigten mir, dass ich mich nicht verstecken muss, dass es neben vielen Hatern umso mehr Befürworter geben kann, die mich feiern, die ich inspiriere und die mich als Vorbild sehen. Die Nachrichten brachten mich allerdings erst zum Nachdenken. »Woher hast du das?« »Wo kann ich das kaufen?« Jeder wollte wissen, woher ich diesen Rollkragen hatte, und alle waren von meinem Style und der Kombination begeistert. Plötzlich hat es klick gemacht.

AUS FRUSTRATION WURDE MOTIVATION

Irgendwas muss der Widerstand, den ich mein Leben lang erfahren habe, in mir ausgelöst haben. Anfangs hat er mich zu Boden geworfen, doch dann wurde aus

Frustration Motivation. Kennst du das Gefühl, wenn dir jemand sagt: Du schaffst das nie! Doch dann willst du's ihm erst recht zeigen. Die Genugtuung, die es dir gibt, wenn du es dann tatsächlich schaffst und deinen Gegnern und Kritikern beweist, dass sie mit ihren voreiligen Kommentaren unrecht hatten, ist eines der besten Gefühle. Außerdem gab es eine weitere große Frustration in meinem Leben, die ich überkommen musste, ich konnte gar nicht anders, denn so ging es nicht mehr weiter. Ich erinnere mich an einen Abend, ich kam gerade von meiner Schicht nach Hause, setzte mich auf die Couch und begann zu weinen. Ich war am Ende, ich habe mein Leben nicht mehr geliebt, ich schuftete mich Tag für Tag für einen Mindestlohn ab und gab meinem Sohn die letzte Kraft, die ich noch hatte. Nur blieb für mich nichts übrig. Doch genau das hat mich plötzlich motiviert. Auch aus dieser tiefen Frustration entwickelte sich eine Motivation. Eine Motivation, die Dinge anders zu machen, das Leben im Baraa-Style zu leben und nicht auf Hater, Neider oder Kritiker zu hören.

Der erste Grundstein dafür, zu lernen, wer ich bin, und nicht zu sein, wer ich sein soll, war gelegt. Es kitzelte mich in den Fingern und ich wusste, so wie bisher sollte es nicht weitergehen. Doch um diesen Schritt zu wagen, braucht es nicht allein Motivation. Mut, Selbstbewusstsein und der Glaube an dich selbst sind essenzielle Eigenschaften, die wir nun gemeinsam festigen können.

ARBEITE AN DEINEM SELBSTBEWUSSTSEIN!

Willst du auch diesen Schritt wagen und dich nicht mehr verstecken, Frustration in Motivation verwandeln und endlich dein eigenes Ding durchziehen, dann ist es essenziell, an deinem Selbstbewusstsein zu arbeiten. So wirst du nicht nur stärker und lernst, dass dein Hijab, deine Besonderheit, eine Stärke und keine Schwäche ist, sondern du lernst auch, die unnötigen Kommentare anderer an dir abprallen zu lassen. Glaube mir, ich habe sehr lang damit gekämpft, ein gesundes Selbstbewusstsein aufzubauen, vielleicht kann ich dir heute dabei helfen, deines zu stärken.

Umgib dich mit Menschen, die deine Stärken sehen

Ein wichtiger Punkt, um an deinem Selbstbewusstsein zu arbeiten, sind die Menschen, die dich umgeben. Konstruktive Kritik ist, wie wir bereits wissen, etwas sehr Wertvolles, allerdings gibt es einen feinen Grat zwischen gewinnbringender Kritik und niederschmetternder Negativität. Vor allem, wenn du bereits angeschlagen bist, wenn du dich schwach fühlst, lohnt es sich, dich mit Menschen zu umgeben, die die Stärken in dir sehen, diese vielleicht sogar hervorheben, und dich nicht immer wieder auf deine Fehler hinweisen, mit dem Finger auf dich zeigen oder dich sogar ins Lächerliche ziehen. Befindest du dich gerade in einer Phase in deinem Leben, in der du aktiv dein Selbstbewusstsein und deine Positivität aufbauen möchtest und dich von all den negativen Energien deiner Vergangenheit lösen willst, dann musst du dich auch von negativen Personen in deinem Umfeld trennen. So unangenehm es auch sein mag, manchmal können unsere Mitmenschen, unsere Freunde, auch Teile unserer Familie, uns runterziehen und so richtig an unserem Selbstbewusstsein kratzen. Genauso können diese Menschen unser Selbstbewusstsein auch stärken, versuche also gut zu unterscheiden, wer dein Bestes im Sinn hat und wer eher darauf aus ist, dich zu bremsen.

Ich habe mittlerweile selbst nur noch sehr wenige und ausgewählte Freunde. Vielleicht liegt es auch an meiner Tätigkeit, bis zu einem gewissen Grad liegt es aber mit Sicherheit daran, dass viele meiner alten Freunde mir keinen Erfolg gönnten. Sie haben sich nicht für mich gefreut, haben sich über mich unterhalten, mich belächelt oder waren eifersüchtig. Die negative Energie, die ich von vielen Seiten zu spüren bekam, musste ich aus meinem Leben verbannen, mich von dem ein oder anderem Freund abwenden, um mir selbst nicht mehr im Weg zu stehen, meine Träume zu verwirklichen und mich nicht von Personen mit falschen Intentionen leiten zu lassen. Mein Selbstvertrauen habe ich zu einem großen Teil meinem

Sohn zu verdanken. Dank ihm weiß ich, dass ich so viel stärker bin, als ich mir jemals erträumt hätte, und dank der Unterstützung meines Mannes konnte dieses neu gewonnene Selbstvertrauen wachsen und wurde nicht durch meine negativen Gedanken unterdrückt. Die Menschen, die mich auf meinem Weg begleitet haben, heute noch immer an meiner Seite sind und mich niemals von meinen Träumen und Zielen abgehalten haben, sind zum Teil für die Entwicklung und das Bestehen meines Selbstvertrauens verantwortlich, den Rest habe ich mir selbst und meinen vergangenen Erfolgen zu verdanken.

Halte an deinen Erfolgen fest

Eine weitere Technik für den Aufbau deines Selbstvertrauens ist das Erinnern und Vor-Augen-Führen deiner bereits gelebten Erfolge und Glücksmomente. Für mich ist das ein ganz klarer Moment. Der Moment, als ich mein Maturazeugnis mit ausgezeichnetem Erfolg kurz nach der Geburt meines Sohnes erhalten habe. Ich erinnere mich noch heute daran, wie es war, als der Direktor meinen Namen aufgerufen hat, ich nach vorn stolzierte und ins Publikum blickte. Meine Familie, mein Mann, mein Sohn, alle waren da, wegen mir, wegen meiner Leistung, und ich war unendlich stolz auf mich. Diesen Tag habe ich in Form eines Fotos verewigt. Mein Maturazeugnis in der einen Hand, meinen ein Monat alten Sohn auf dem anderen Arm. Immer dann, wenn ich denke »Ich schaffe das nicht«, nehme ich das Bild zur Hand und erinnere mich an all das, was ich bereits geschafft habe.

Wenn ich auf dieses Foto blicke und mich an die Zeit zurückerinnere, dann rufe ich mir ins Gedächtnis, dass es keine Grenzen gibt, dass alles möglich ist. Egal, was du bis jetzt in deinem Leben erreicht hast, ob es ein Schul- oder ein Uniabschluss ist, die bestandene Führerscheinprüfung oder das erfolgreiche Auslandssemester, ob es ein Erfolg im Job oder ein familiärer Meilenstein ist, halte dir diese Momente in Erinnerung, und rufe sie vor allem dann ab, wenn du glaubst, die nächste Hürde nicht schaffen zu können. Du darfst niemals vergessen, was du bis jetzt in deinem Leben erreicht hast, auch wenn deine größten Erfolge neben denen anderer klein oder unbedeutend wirken, sind sie doch ausschlaggebend. Feiere jeden Teilerfolg, führe dir deine ganz persönlichen Erfolgsgeschichten immer wieder vor Augen, und vergiss niemals, dass mit dem richtigen Mindset eigentlich fast alles möglich ist.

VERTRAUE IN DICH UND DIE KRAFT DEINER GEDANKEN

Klar, du musst in erster Linie an dich selbst glauben, mit der richtigen Portion Mut und Selbstbewusstsein ist das gar nicht so schwer. Du musst dein größter Supporter, dein treuester Fan und dein erster Befürworter sein, sonst wirst du nie richtig in Fahrt kommen, und dein Erfolg wird auf sich warten lassen oder inauthentisch sein.

Wenn du nicht an dich selbst glaubst, wer soll es dann tun?

Allerdings kannst du auch Mut und Kraft aus dem Glauben an etwas Höheres schöpfen und dir bei schweren Entscheidungen anders zu helfen wissen. Dabei rede ich nicht von Gott, Allah, Buddah, Propheten oder einer anderen religiösen Figur, sondern von etwas, das dir Hoffnung, Antworten oder Wohltun bringt. Manch einer glaubt an die Existenz von Aliens, daran, dass es noch viel mehr da draußen gibt, und das kann ihn motivieren. Andere glauben an Schicksal, an Omen, Zeichen aus dem Universum, die unser Leben weisen und uns in schwierigen Situationen leiten können.

Ich glaube an Allah, das ist kein Geheimnis. Ich bin grundsätzlich ein sehr gläubiger Mensch, und ich schöpfe Kraft daraus. Ich führe mein Leben mit der Überzeugung, dass jeder von uns, jeder Mensch, aus einem bestimmten Grund geboren wurde und dass die Aufgabe eines jeden Menschen darin besteht, diesen speziellen Grund im Laufe seines Lebens herauszufinden, durch Erfahrungen, Beziehungen und das Kennenlernen seiner selbst. Egal, welchen Namen wir diesem System geben, ob es der Sinn des Lebens ist, eine Religion oder auch nur die Auseinandersetzung mit sich selbst, die Bezeichnung spielt keine Rolle. Ich werde dir noch anhand eines Beispiels erklären, wie ich in den dunkelsten Zeiten meines Lebens Kraft aus dem Glauben ziehen konnte, zuerst möchte ich dir aber zeigen, wie uns der Glaube, die Hoffnung oder auch das reine Denken bei Entscheidungen helfen und unsere Träume wahr werden lassen kann.

Salat al-Istikhara

Das Istikhara-Gebet ist für uns Muslime ein essenzieller Bestandteil unserer Entscheidungsfindung. Übersetzt bedeutet es so viel wie Gebet der Suche nach Rat. Ich will dich nicht zum Beten oder zum Rezitieren islamischer Verse auffordern, ich möchte dir zeigen, wie wir uns mit der Kraft unserer Gedanken und dem bewussten Wahrnehmen unseres Bauchgefühls Entscheidungen leichter machen können.

Egal, welche Frage dich gerade beschäftigt, ob es um eine Ausbildung, eine Beziehung, den Hauskauf oder wichtige Entscheidungen in der Arbeit geht, wir Gläubige hegen eine lange Tradition, die uns bei dem Finden der gesuchten Antworten Abhilfe verschafft. Wir richten uns nach der Istikhara, »überträumen« unsere Entscheidungen und bitten um gewisse Zeichen. Grundsätzlich ist das Istikhara-Gebet ein Gebet, welches aktiv verrichtet werden muss. Es beinhaltet eine Gebetswaschung und Bittgebete sowie zwei aufeinanderfolgende Gebete. Ich möchte dich nicht durch den gesamten Prozess begleiten, sondern das Istikhara-Gebet als Grundlage für deine künftige Entscheidungsfindung nutzen, es als eine Art Inspiration sehen. Im Grunde konzentriert sich der Betende auf die große Frage, die ihn gerade beschäftigt, sagt diese immer und immer wieder auf und rückt sie in das Bewusstsein. Versuche auch du es, am besten gleich heute Abend. Lege dich in dein Bett, stelle dir die große Frage dreimal, lege dich dann zur Seite, und nimm dir fest vor, dir deine Frage auch während des Einschlafens und des Schlafens in Gedanken beizubehalten. Dann gilt es, aufmerksam zu sein. Achte auf Zeichen und Signale, die dir im Traum, aber auch in den nächsten Tagen unterkommen. Im Islam deuten wir beispielsweise auch Farben. Grün und Weiß gelten als positive, Schwarz, Gelb und Rot eher als negative Farben. Wichtig ist vor allem, dass du auf dein Gefühl hörst. Wenn du nach deinem Istikhara ein gutes Gefühl hast, dich an positive Träume zu dem dich beschäftigenden Thema erinnern kannst und generell positiv einer Richtung gegenüber gestimmt bist, dann deutet dir dein Unterbewusstsein bereits, welche die richtige Entscheidung ist. In der westlichen Kultur sagen wir nicht ohne Grund, dass wir gern mal »eine Nacht drüber schlafen«, wenn wir vor essenziellen und gravierenden Entscheidungen stehen. Im Schlaf ordnen sich nämlich nicht nur unsere Gedanken neu, sondern wenn wir aktiv über ein Thema nachdenken, bevor wir zur Ruhe kommen, fördern wir, dass auch unser Unterbewusstsein sich mit diesen Themen auseinandersetzt, wir darüber träumen und Zeichen deuten können, die uns bei der Entscheidungsfindung helfen können. Ich bin mir sicher, nach deinem Istikhara hast du eine klarere Vorstellung deiner Zukunft, vielleicht sogar die Antworten auf deine Frage, nach denen du schon seit einiger Zeit suchst.

Manifestiere deine Ziele

Willst du dich endlich nicht mehr verstecken? Willst du endlich deine Träume erfüllen, Ziele erreichen und aus dem Schatten deiner Unsicherheiten hervortreten, zu deinem Hijab, deiner Stärke, stehen? Dann glaube endlich an dich, glaube an deine Ziele und vor allem, manifestiere sie. Du wirst nicht glauben, welchen Effekt diese einfache und doch so starke Praktik haben kann und wie sehr wir die Kraft unserer Gedanken oft unterschätzen.

Die Manifestation scheint heutzutage schon fast hip geworden zu sein. Geht es um die geistige Gesundheit und Zufriedenheit, das Wahrwerden von Träumen und Erfolg, so stolpern wir immer wieder über diesen Begriff. Auch ich war begeistert, als ich vor Jahren darüber gelesen und mich zum ersten Mal damit auseinandergesetzt habe, denn es hat mich an den Istikhara erinnert und mein in manchen Situationen spirituelles Wesen angesprochen. Die Manifestation soll es möglich machen, gestaltlose, nicht existenzielle Vorstellungen, Träume oder Szenarien wahrhaftig zu machen, somit in eine reale Form zu bringen. »Das klingt zu schön, um wahr zu sein«, sind vielleicht gerade deine Gedanken, so wie meine damals auch. Auch wenn ich offen, spirituell und prinzipiell auch optimistisch bin, war ich zwar begeistert von der Idee der Manifestation, an ihrer Wirksamkeit zweifelte ich allerdings, eine gesunde Skepsis ist außerdem immer von Vorteil.

Betrachten wir das Phänomen des Manifestierens auf einer spirituellen Ebene, dann dreht sich alles um Energie. Jede Emotion, jeder Gedanke, jeder Körper und jede Materie ist somit letzten Endes nichts anderes als Energie, die in bestimmten Wellen und Frequenzen schwingt. Laut dem Gesetz der Anziehung, welches eng mit dem Manifestieren in Verbindung steht, zieht sich Gleiches an, senden wir also eine bestimmte Frequenz aus, dann zieht diese Frequenz Menschen, Erlebnisse oder Zustände an, die auf der gleichen Frequenz schwingen. In der Theorie heißt das also, wenn du beispielsweise die Überzeugung aussendest, dass du reich bist, ist die Wahrscheinlichkeit hoch, dass du das Geld auch anziehst. Ich bin ein gläubiger Mensch, aber auch Realistin, weshalb mir diese schwammige Erklärung zur Wirkung von

Manifestation nicht ausgereicht hat. Wie ich festgestellt habe, gibt es auch einen wissenschaftlichen Zugang zu dieser Thematik. Tatsächlich gibt es so etwas wie die Kraft der Gedanken. Unzählige Studien belegen, dass positive Gedanken beispielsweise Heilungsprozesse von Krankheiten fördern können. Andere Studien machen drauf aufmerksam, dass schulische Erfolge, zum Beispiel das Absolvieren einer Mathematikprüfung, mit der vorherigen Einstellung der Schüler zusammenhängt. Wurde dem Schüler zuvor eingeredet, er sei schlecht in Mathematik, so waren auch seine Ergebnisse schlechter. Waren die Schüler allerdings positiv eingestellt und überzeugt von ihrem Können, schnitten sie besser ab. Unser Unterbewusstsein steuert etwa 95 Prozent unseres Denkens und Handelns, ohne dass wir es merken, weshalb wir uns oft gar nicht dessen Kraft und Einflussnahme auf unser Leben, unsere Entscheidungen und unsere Einstellungen bewusst sind.

Was du denkst, wird zu deiner Realität.

Egal, welche Träume, Ziele oder Wünsche du verfolgst, mit der Kraft deiner Gedanken und der Kraft der Frequenzen und Schwingungen könntest du diesen Vorstellungen ein Stück näherkommen. Handeln musst du immer noch selbst, das Universum wird dir nicht deine Schularbeit oder deine Bachelor-Arbeit schreiben, auch wird dir das Universum nicht von heute auf morgen eine saftige Gehaltserhöhung bescheren, du kannst den Prozess allerdings, meiner Meinung nach, mit dem richtigen Mindset und einer inneren Überzeugung ankurbeln.

Prinzipiell kannst du alles manifestieren, solang es realistisch möglich ist und du in der Lage bist, mit deinen Ressourcen dieses Ziel irgendwann erreichen zu können. Ich bin zwar keine Manifestationsexpertin, aber ich wende diese Praktik schon lang mit Erfolg an und möchte dir zeigen, wie auch du die Kraft deiner Gedanken nutzen kannst, um dein Selbstbewusstsein zu erhöhen, deinen Hijab als deine Stärke einzusetzen oder um einem Traum etwas näher zu kommen.

1. Setze klare Intentionen! Um mit dem Manifestieren überhaupt erst zu beginnen, musst du wissen, was genau du damit erreichen möchtest. Wenn du gerade erst mit dem Manifestieren beginnst, dann suche dir vorerst ein konkretes Ziel, einen Traum, den du verwirklichen möchtest. Denke an deinen Wunsch und versuche, ihn so klar wie möglich zu formulieren. Was möchtest du genau erreichen? Warum ist genau dieser Wunsch besonders wichtig? Wie würdest du dich fühlen, wenn dieser Wunsch oder das Ziel tatsächlich eintreten würde?

2. Sei dankbar! Um erfolgreich zu manifestieren, ist es wichtig, dankbar zu sein, für all die Dinge, die wir bereits erreicht haben. Immerhin solltest du nicht mit einem negativen Mindset manifestieren und es als eine Art Notlösung ansehen, um glücklich und erfolgreich zu werden, sondern als Zusatz. Versuche also, mit einem positiven Geist und viel Dankbarkeit in deine erste Manifestation zu starten.

3. Visualisiere deinen Wunsch! Das Visualisieren deines Wunsches ist eines der Kernelemente des Manifestierens. Versuche, dir deinen Wunsch so detailliert wie möglich vorzustellen und auszumalen. Du kannst dir ein Visionboard erstellen, deinen Wunsch zeichnen, aufmalen oder auch nur gedanklich visualisieren, was auch immer du bevorzugst. Ich persönlich habe ein kleines Notizbuch, in welchem ich meine Wünsche niederschreibe. Wichtig ist, dass du an Details denkst. Auch wenn du heute noch nicht genau wissen kannst, wie die Erfüllung deines Wunsches tatsächlich ablaufen wird, so lohnt es sich, an Kleinigkeiten zu denken. Wenn es dein Traum ist, irgendwann in Südamerika zu leben und dort zu arbeiten, dann stelle dir genau vor, wie deine Wohnung, deine Umgebung oder dein künftiger Arbeitsplatz aussehen könnte. Versuche, so viele Details wie möglich in die Vorstellung deiner Zukunft miteinzubauen, und achte darauf, dass deine Bilder und Gedanken so realistisch wie möglich sind und sich auch so anfühlen, als wären sie bereits Wirklichkeit.

4. Achte auf deine Emotionen! Wird dein Wunsch langsam Wirklichkeit? Näherst du dich deinem Ziel? Dann achte ganz besonders auf deine Emotionen. Wie fühlst du dich? Welche Emotionen löst das Wahrwerden deines Wunsches aus? Es ist wichtig, aktiv auf deine Emotionen zu achten, genauso wichtig wie das aktive Visualisieren und Vorstellen deines Zieles. Du lernst dich dadurch außerdem besser kennen, schreitest achtsamer und dankbarer durchs Leben und kannst lernen, mit positiven als auch negativen Emotionen besser umzugehen.

5. Vertraue in die Kraft deiner Gedanken! Sei überzeugt davon, dass deine Wünsche tatsächlich eintreten werden. Wenn du von vornherein kein Vertrauen in das Manifesteren und das Wahrwerden deiner Träume hast, dann wirst du diese Ziele vielleicht auch nicht so schnell erreichen.

Egal, ob du Atheist, Gläubiger, Skeptiker, Realist oder Zyniker bist, das Manifestieren beschränkt sich nicht allein auf Esoterik-Fans, die die Aura ihrer Freunde in einer Farbe sehen können und mit dem Pendel verlorene Gegenstände wiederzufinden glauben, sondern jeder von uns kann und sollte diese Technik zumindest einmal intensiv und ernsthaft anwenden und ausprobieren. Ich verspreche dir nicht, dass sich deine Träume in kürzester Zeit in Realität verwandeln, ich kann dir leider nicht einmal versprechen, dass sie jemals in Erfüllung gehen, das aktive Denken und Visualisieren fördert allerdings bestimmt deine Erfolgschancen. Außerdem macht dieses beabsichtigte Denken an unsere Träume und Wünsche etwas mit unserem Gehirn. Sehen wir uns bereits in der Zukunft und können eine glückliche und erfolgreiche Vision kreieren, so stärkt das nicht nur unser Selbstbewusstsein, sondern bereitet unser Unterbewusstsein auf diese Zukunft vor. So schreiten wir ambitionierter und motivierter durchs Leben.

Nichts ist unmöglich

Ich lebe ja mit der festen Überzeugung, dass nichts unmöglich ist. Auch wenn dir das Leben noch so viele Steine in den Weg legt, wenn dein Umfeld deine Stärke, deinen persönlichen Hijab, als deine Schwäche ansieht und du dich deswegen ausgeschlossen fühlst oder wenn jeder Mensch um dich herum dir das Gefühl gibt, dass du nichts wert bist, bist du immer noch der eine und einzige Mensch, der alles ändern kann. Du hast die Kraft, aus negativem Input positiven Output zu machen, und du allein kannst für dich alles erreichen, auch wenn sonst niemand daran glaubt. Auch wenn sich meine Träume nicht über Nacht von selbst erfüllt haben, so hat es mir immer und immer wieder geholfen, meine

Ziele zu visualisieren und zu konkretisieren. Obwohl laut vieler Stimmen eine Kopftuch-Frau ja prinzipiell nicht erfolgreich sein kann, keinen Job finden wird und am besten nur zu Hause, versteckt hinter ihrem Hijab, vielleicht sogar hinter ihrem Mann, die brave Hausfrau spielen sollte, habe ich mich dem entgegengesetzt. Niemand sollte sein Schicksal, seine Berufung oder seinen Platz in der Gesellschaft aufgrund der Meinungen anderer akzeptieren, vor allem dann nicht, wenn dieses Bild nicht glücklich macht.

Auch wenn ich es früher noch nicht aktiv realisiert habe, habe ich schon immer manifestiert, unterbewusst und völlig natürlich, beispielsweise meine Teilnahme bei *Austrias Next Topmode*l. Als ich die letzte Staffel vor meiner Teilnahme angesehen habe, habe ich bereits überlegt, mich zu bewerben. Ich fragte meinen Mann nach seiner Meinung, er war dieser Idee gegenüber eher nüchtern eingestellt, aber ich habe mich trotzdem immer und immer wieder gedanklich in diese Situation versetzt, so, als wäre ich bereits Teilnehmerin, mit allen Details, allem, was so dazugehört. Mein Wohnzimmer war mein Catwalk und vor meinem geistigen Auge habe ich das Publikum links und rechts und die Juroren vor mir manifestiert. Du wirst es vielleicht nicht glauben, aber auch die Entstehung dieses Buches, an dem ich gerade schreibe, habe ich manifestiert. Ich habe es mir gewünscht, ich habe es mir vorgestellt, und plötzlich sitze ich hier und schreibe diese Zeilen. Und auch jetzt, in diesem Moment, manifestiere ich. Ich manifestiere bereits jetzt den berührenden und für mich überaus essenziellen Moment, in dem ich dieses Buch in der Hand halte, vor einem Publikum, vor euch, sitze und diese Zeilen daraus vorlese. Ich manifestiere, wie ich euch allen in die Augen sehen kann, wie ich euch vor mir sitzen sehe und euch hoffentlich mit den Worten aus meinem Buch berühren kann, so wie eure Unterstützung mich tagtäglich berührt. Ich manifestiere alle Details, den Raum, das Licht, welche Kleidung ich tragen werde, wie ihr aussehen könntet, all das schreibe ich nieder. In meinen Gedanken stehe ich vor euch, mit einem Buch in der Hand, meinem Buch, und ich lese euch daraus vor. Ich lese, um euch zu zeigen, dass alles möglich ist, ich lese, um euch zu erinnern, dass ihr die Macht über euer Leben habt, kein anderer darf sich dieses Recht nehmen. Ich lese, um euch dabei zu helfen, eure Stärke, euren Hijab, eure Besonderheit als etwas Positives zu identifizieren, und um euch dabei zu unterstützen, euren wahren Charakter nicht mehr zu verstecken, nur weil er dem ein oder anderen nicht passt. Vielleicht lese ich auch diese Zeilen, die ich nun schreibe, in diesem Moment, den ich gerade manifestiere. Gedanklich stehe ich vor euch, auch wenn ich in Wahrheit gerade in meinem Wohnzimmer sitze, am Schreibtisch, und diese Zeilen tippe. Mein Sohn schläft bereits, mein Mann ist beschäftigt, und ich bin allein mit mir, meinen Gedanken und diesen Zeilen. Eigentlich bin ich mir bereits sicher, dass ich euch diese Zeilen vorlese, denn sie zeigen, dass wahrlich nichts unmöglich ist.

HÖRE AUF DEINEN BAUCH

Ich möchte dir helfen, dein Selbstbewusstsein aufzubauen, Mut zu schöpfen und dein eigenes Ding durchzuziehen, egal, was die anderen sagen. Vielleicht konntest du bereits aus den vorigen Tipps etwas Selbstbewusstsein schöpfen, und vielleicht können dir gewisse Signale oder Zeichen, die dir dein eigener Körper sendet, dabei helfen, Mut aufzubringen, um den nächsten Schritt zu wagen und deinen Hijab stolz zu zeigen, anstatt dich dahinter zu verstecken.

Manchmal sendet das Universum Zeichen, oft haben wir aber auch dieses innere Gefühl, dass uns vor Niederlagen bewahrt, uns andeutet, wenn wir einer Person besser nicht vertrauen sollten oder welcher Leidenschaft wir unbedingt folgen sollten. Ich höre immer wieder auf meinen Bauch. Auch wenn manche Entscheidungen natürlich trotzdem danebengehen, ist es in meinen Augen doch wichtig, die innere Stimme zu erhören und sie nicht völlig zu ignorieren.

Ich habe ein gutes Beispiel für einen Moment, in dem mich meine innere Stimme, mein Bauchgefühl und dadurch auch meine neugewonnene Sicherheit vor einer

Situation bewahrt hat, in der ich mich sehr unwohl gefühlt hätte. Es war das Finale von Austrias Next Topmodel. Ich habe es tatsächlich so weit geschafft, obwohl der Weg dorthin sehr anstrengend war und ich mich eigentlich ständig unwohl, ungewollt und ausgenutzt fühlte. Klar, auf der einen Seite war ich stolz auf mich. Ich hatte es so weit geschafft und verfolgte außerdem weiterhin das Ziel, ein Vorbild zu sein und ein Zeichen zu setzen. Und welch stärkeres Zeichen hätte ich setzen können, als mit dem Hijab die gesamte Show zu gewinnen? Auch wenn ich bereits während der ersten Stunden am Set merkte, dass die Reise anders und ungemütlicher werden sollte als erwartet, habe ich mich dazu verpflichtet gefühlt, zu bleiben. Um den Menschen da draußen zu beweisen, dass tatsächlich jeder alles schaffen kann und dass ein Kopftuch, in welcher Form auch immer, kein K.O.-Kriterium ist, für nichts, nicht einmal für eine Model-Karriere.

Am Abend vor dem Finale führte ich mein Istikhara-Gebet durch. Ich war bereits verunsichert, wollte diesen Sieg nicht unbedingt und wusste nicht, ob ich mich tatsächlich noch drei weitere Jahre vertraglich an die Produzenten binden wollte, nach all dem, was passiert ist. Ich war unsicher, ob ich überhaupt jemals wieder modeln wollte, der Sieg hätte bedeutet, ich muss. So betete ich, ließ mir die Frage über meine Siegesmotivation durch den Kopf gehen, legte mich schlafen und war bereit, so bald wie möglich eine Entscheidung zu treffen. Als ich am nächsten Morgen aufwachte, fühlte ich mich ziemlich niedergeschlagen. Obwohl ich unglaublich ehrgeizig bin, eine richtige Gewinner-Frau, und mir mittlerweile schon fast sicher war, dass ich hohe Chancen auf einen Sieg hatte, denn die Kopftuch-Frau und ihre Quoten waren auch für den Sender sehr schmackhaft, hat mir mein Bauch zu verstehen gegeben, dass es vielleicht Zeit ist, zu gehen. Ich habe gespürt, in meinem Körper, dass jeder Schritt auf dem Weg ins Studio schwerer wurde, dass meine Gliedmaßen Widerstand leisteten, dass meine Gedanken nur um diese drei Jahre kreisten, in denen ich mich vertraglich zur Zusammenarbeit hätte verpflichten müssen. Mir war übel.

Ob es nun eine Nachricht von Gott, mein Bauchgefühl, eine Mischung aus beidem oder reine Intuition war, als ich beim Austragungsort angekommen bin, wusste ich, das war's für mich. Im Nachhinein hätte ich einfach vor laufenden Kameras aufstehen und gehen sollen, ich habe mich aber dafür entschieden, Backstage mit dem Produzenten zu sprechen, ihn darauf aufmerksam zu machen, dass ich abbrechen wollte und nicht mehr Teil des Finales sein würde. Er war gar nicht begeistert, es wirkte so auf mich, als hätte ich den Plan der Produktion zerstört und ihnen einen Strich durch die Rechnung gemacht, meine Entscheidung musste der Sender trotzdem akzeptieren. Anstatt dies so anzuerkennen und auch den Zuschauern die Wahrheit zu zeigen, wurde ich plötzlich aufgerufen. »Es muss uns doch eine Finalistin schon jetzt verlassen«, so der Moderator. Ich wurde rausgeschmissen, als wäre es eine Entscheidung der Jury gewesen, mein Interview, meine Meinung dazu oder der Fakt, dass ich freiwillig abgehauen bin, wurden natürlich nie ausgestrahlt und gekonnt weggeschnitten. Aber darum geht es nicht. Ich war glücklich, meiner inneren Stimme, wodurch auch immer diese geleitet war, gefolgt zu sein. Ich war erleichtert, befreit und stolz darauf, dass ich einmal mehr nicht auf andere Menschen, die mich beeinflussen wollen, sondern auf mich selbst, meine innere Stimme, mein Bauchgefühl, gehört habe.

Um aus deiner Unsicherheit herauszuwachsen, endlich dem Versteckspiel zu entkommen und dein wahres Ich mit Stolz zu zeigen, braucht es vor allem Mut und Selbstvertrauen. Ich habe Mut gefasst, etwas Neues probiert und vielleicht auch etwas Glück gehabt, meinen Hijab zu finden und ihn zu meiner persönlichen Schatztruhe zu etablieren. Hätte ich aber zuvor nicht an meinem Selbstbewusstsein und meinem Mut gearbeitet und diese beiden Eigenschaften zum Teil auch völlig unbewusst aufgebaut, so hätte ich niemals die Zügel in die Hand genommen, meinen Job gekündigt und mit dem weitergemacht, was mir tatsächlich Spaß macht und was mich selbst repräsentiert. Ich hätte mich niemals getraut, in den sozialen Medien meinen Hijab zu präsentieren und endlich die Meinung anderer auszublenden, und nun möchte ich, dass auch du dich endlich traust, und dem Versteckspiel ein Ende bereitest. Egal, woran du glaubst, ob an Gott, Allah oder Buddha, egal, welchen Glaubenssätzen du in deinem Leben folgst, im Grunde musst du vor allem an dich selbst glauben und lernen, auf die Zeichen zu achten, die aus deinem Inneren selbst zum Vorschein kommen. Versuche, dich besser lesen zu lernen, auf deinen Bauch zu hören und an deinen Träumen und Zielen gedanklich festzuhalten, ob du es nun manifesteren nennen möchtest oder nicht, spielt dabei keine Rolle. Hauptsache, du lernst dich, deine Ziele und deine Träume besser kennen, kannst sie ausdrücken und erkennst so vielleicht, wer du wirklich bist und was dein Hijab ist.

5

AUF DIE ERSCHWERNIS FOLGT DIE ERLEICHTERUNG

Leider ist im Leben nicht immer alles rosig. Auch wenn du dich endlich selbst findest, zu deinen Stärken und Besonderheiten stehst und es allen zeigen möchtest, wirst du manchmal vor Krisen stehen, mit Niederlagen umgehen müssen und auch gegen Widerstand ankämpfen. Auch wenn du manchmal das Gefühl hast, dass die ganze Welt gegen dich ist oder dass nichts zu funktionieren scheint, meiner Meinung nach geht jede Krise irgendwann vorbei, und mit jedem Widerstand, mit dem du konfrontiert wirst, lernst du auch, besser damit umzugehen. Außerdem habe ich herausgefunden, dass Emotionen, egal, ob sie positiv oder negativ sind, etwas Gutes sind und sich in Positivität umwandeln lassen. Hate kann sich auch in Liebe verwandeln, du wirst es kaum glauben, aber manche meiner ehemaligen größten Gegner kaufen heute sogar meine Produkte und gehören zu meinen größten Fans. Außerdem geht Hate oft, wie wir bereits analysiert haben, mit Unwissen einher. Ich sage keinesfalls, dass es eine leichte Aufgabe ist, Hate zu verkraften, sogar spielerisch damit umzugehen und ihn in etwas Positives zu verwandeln, vielleicht kann ich dich aber mit meinen Erfahrungen etwas unterstützen, dir durch deine nächste Krise helfen und dir beibringen, wie du den Hatern da draußen endlich den Rücken kehrst und ihre Meinung überhaupt gar nicht mehr ernst nehmen wirst. Immerhin war es ein Hater, der mich auf eine grandiose Idee brachte und meiner Karriere auf die Sprünge half. Widmen wir uns aber zunächst einmal den Lebenskrisen, die uns alle begleiten, Hater hin oder her.

Ein unerwarteter Rauswurf

Vor einigen Jahren wurden mein Mann und ich, wir waren zu diesem Zeitpunkt relativ frisch verheiratet, von einem Tag auf den anderen aus unserer kleinen, aber feinen und geliebten Wohnung geworfen. Ohne Vorwarnung und ohne Zeit, um nach etwas Neuem zu suchen. Der vermeintliche Vermieter, der uns dort wohnen ließ, war, wie sich herausstellte, nämlich kein rechtmäßiger Eigentümer dieser Wohnung, und wir mussten die Räumlichkeiten schnellstmöglich verlassen. Als Übergangslösung sind wir bei meinen Schwiegereltern untergekommen. Nicht gerade der Traum eines frisch verheirateten Paares, eine andere Möglichkeit hatten wir zu diesem Zeitpunkt nicht. Ich war ziemlich niedergeschlagen und enttäuscht, denn wir haben unseren Lebensmittelpunkt verloren. Wir hatten kaum Geld, hatten keine Aussicht auf eine neue, preiswerte und passende Wohnung, und trotzdem hatte ich im Gefühl, dass sich etwas ergeben wird. In dieser schwierigen Phase haben mein Mann und ich zufällig eine Bekanntschaft mit einem netten Herrn gemacht. Wir plauderten mit ihm und er erzählte uns, dass er gerade vor einem Umzug stehe und dringend Nachmieter für seine Wohnung suche. Diese Information kam uns natürlich sehr gelegen und wir bekundeten unser Interesse. Kurz darauf führte er uns durch seine Wohnung und zu meinem Erstaunen war sie perfekt. Der Preis stimmte, sie war doppelt so groß und viel einladender als unsere alte Wohnung, und ich habe mich dort prompt wohlgefühlt. Wir haben sofort zugeschlagen und wurden viel glücklicher als in unserer alten Wohnung, auch wenn wir nicht erwartet hätten, dass das überhaupt möglich ist.

Wir denken uns bei jeder negativen Erfahrung im ersten Augenblick: »Oh Gott, warum passiert das ausgerechnet mir? Womit habe ich das verdient? Warum ich?« Ich glaube, diese Reaktion ist bis zu einem gewissen Grad gerechtfertigt, wir dürfen aber nicht zu lang daran festhalten. Denn in diesen Momenten, in denen du dich fühlst, als ob das Universum gegen dich ist, musst du dich in erster Linie in Geduld üben.

Auf die Geduld folgt die Erkenntnis.

Widerfährt dir etwas vermeintlich Schlechtes, etwas Negatives, dann versuche, abzuwarten. Es mag vielleicht befremdlich klingen, beim Eintreten einer Krise oder beim Aufkommen eines Problems Ruhe zu bewahren und geduldig zu sein, aber nur so kann die Erkenntnis folgen, dass dieses Ereignis dazu führen kann, dass du mit etwas anderem, vielleicht sogar etwas Besserem bereichert wirst. Ich weiß, es klingt abgedroschen, aber ich bin der Überzeugung, dass das Sprichwort »Wenn sich eine Tür schließt, öffnet sich eine andere« voll Wahrhaftigkeit steckt.

Das »Bessere« oder die »andere Tür« sind oft nicht gleich ersichtlich, oft kannst du es auch nicht sofort verstehen, denn die Erkenntnis kommt oft erst viel später. Manchmal ist es auch nichts Sichtbares, nichts Materielles, sondern eine Lehre oder Stärke, die wir aus der Bewältigung von Krisen und Problemen mitnehmen und die uns vielleicht im späteren Leben vor einer noch viel schlimmeren Krise bewahren kann oder uns zumindest vorbereiten wird.

Schöpfe Kraft aus Positivität.

Optimisten wird oft nachgesagt, sie seien naiv, sie würden die Komplexität der Welt nicht verstehen oder sie würden es sich leicht machen. Ich sehe das anders. Ich finde sogar, dass es um einiges komplizierter ist, einem positiven Mindset zu folgen, dass es einfacher ist, ein

Miesepeter zu sein, der alles negativ sieht. Denn um positiv zu denken, müssen wir stark sein und Mut haben. Nur dann schaffen wir es, auch in vermeintlich niederschmetternden Situationen das Positive zu sehen, unsere Psyche zu unterstützen und Raum für etwas Neues, etwas Besseres oder etwas Unerwartetes zu schaffen.

Wahrlich, mit der Erschwernis kommt die Erleichterung (94:6)

Mein Lieblingsvers aus dem Koran ist jener: Mit der Erschwernis kommt die Erleichterung. Er soll uns daran erinnern, dass nach einer dunklen Zeit irgendwann auch wieder die Sonne scheinen wird und dass etwas Besseres auf uns wartet, etwas Größeres. Wurdest du gerade von deinem Freund verlassen oder läuft es im Job nicht gut, geht das Studium nicht weiter oder hast du einen geliebten Menschen verloren, dann ist es wichtig, zu trauern, trotzdem aber nicht in einen endlosen Negativ-Strudel zu geraten. Denk mal darüber nach, ob es nicht vielleicht auch etwas Positives mit sich bringt. Die Trennung ist eventuell gut, wer weiß, wie sich die Beziehung in Zukunft entwickelt hätte. Kriselt es schon jetzt, ist es wohl besser, allein zu sein oder irgendwann jemanden zu finden, der dich noch mehr schätzt, mit dem du noch glücklicher bist. Bist du plötzlich Single, dann sieh die positiven Seiten: Du hast mehr Zeit, dich auf dich, deine Karriere, deine Freunde und deine Familie zu konzertieren. Du kannst lernen, dich wieder selbst zu lieben und nicht von der Liebe anderer abhängig zu sein.

Es ist alles Teil der Gewohnheit. Wir sind es gewohnt, während eines Rückschlages nur das Negative zu sehen und uns daran festzuklammern. Mittlerweile ist es zu meiner Gewohnheit geworden, immer etwas Positives zu suchen. Widerfährt mir etwas Negatives, befinde ich mich in einer Krise, dann versuche ich immer, wirklich immer, etwas Positives daraus zu ziehen. Ich suche so lang, bis ich etwas gefunden habe, und dann klammere ich mich an diesem positiven Aspekt fest, um so wieder aus einem Loch herauszukommen.

Wenn es zuerst schiefgeht,
dann streiche dein Kopftuch
zurecht und versuche es wieder.

Wichtig ist, dass nicht jeder Misserfolg, nicht jede persönliche Niederlage und nicht jede Krise derbe Rückschläge sein müssen, sondern dass sie auch eine Chance sein können, eine Chance für ein besseres Leben, für mehr Glück oder für die Entwicklung mentaler Stärke. Wie beim Manifestieren bin ich der Meinung, dass auch in Krisenzeiten Negatives Negatives und Positives Positives anzieht, wir also mit positiven Gedanken, Zuversicht und Hoffnung etwas Positives anziehen können und dieser persönlichen Krise so irgendwann entfliehen und Raum für etwas Neues schaffen.

WENN ICH ES SCHAFFE, DANN SCHAFFST DU ES AUCH.

Ich wünschte, ich könnte dich vor allen Krisen und Niederschlägen bewahren. Sie sind nie schön. Egal, woher sie kommen, egal, wie intensiv, wie lang oder wie erschütternd sie sind. Leider kann ich das nicht, und um ehrlich zu sein will ich das auch nicht, denn sonst würdest du nie wachsen, du würdest nie zu der starken Persönlichkeit werden, die du vielleicht schon bist oder mit Sicherheit noch wirst. Nach meiner Fehlgeburt, die ich damals leider auch auf Social Media bekannt geben musste, weil ich im Vorfeld bereits voller Freude meine Schwangerschaft bekannt gegeben hatte, dachte ich, ich wäre am Ende. Ich habe versucht, meine Positivität zu bewahren und an meinem Lieblingsvers festzuhalten, aber es fiel mir sehr schwer, eine Erleichterung, etwas Besseres oder Zuversicht in solch einer Situation zu finden.

Der Moment, in dem ich in die Kamera blickte und vor hunderttausenden Menschen, vor allem aber vor mir selbst eingestehen musste, dass diese Schwangerschaft, die ich erst kürzlich verkündet hatte, schlichtweg nicht mehr existiert, war einer der härtesten meines Lebens. Es war mir eine Lehre, ich passe heute noch mehr darauf auf, was ich in den sozialen Medien aus meinem Privatleben preisgebe, damals war es jedenfalls wie ein erneuter Stich ins Herz, diese Nachricht mit meinen Followern zu teilen. Ich war gerade erst aus dem Krankenhaus zurück, nach drei Tagen war ich entlassen worden, der seelische und der physische Schmerz waren unerträglich, und ich wusste nicht, wie ich jemals wieder glücklich sein soll. Nachdem ich die Nachricht zwangsläufig auf meinen Kanälen geteilt hatte, legte ich mich zu Bett, anstatt zu schlafen habe ich geweint, und ich wünschte, ich wäre lediglich in einem schrecklichen Traum gefangen. Am nächsten Morgen bin ich aufgewacht, dass das alles kein Traum war, hatte ich mir mittlerweile eingestanden, und so habe ich mich geschminkt, mich angezogen, meinen Hijab angelegt, mich in die Küche gestellt und ein Kochvideo für meinen Kanal gedreht. Mein Mann hat mich gefragt, ob ich verrückt sei, die Ärzte hatten mir immerhin geraten, mich zu schonen, aber ich wollte die Situation nicht wahrhaben, ich wusste, ich musste mich ablenken und so mit diesem Trauma umgehen.

Das Kochen und meine Videos, auf die ich später noch zu sprechen komme, gehören zu meiner Leidenschaft. Auch wenn ich mich natürlich im Bett hätte einrollen können und in Selbstmitleid, Trauer und Wut hätte versinken können, so habe ich mich aufgerafft und das getan, was mir Spaß bereitet und mich glücklich macht. Das Kochen war wie eine Therapie für mich, eine Ablenkung von der grauenhaften Tatsache, dass ich gerade ein Kind verloren hatte. Natürlich musste ich mich früher oder später damit auseinandersetzen, aber die Ablenkung, gerade am Anfang, als ich die Wahrheit selbst noch nicht glauben wollte, war mir eine große Hilfe. Ein paar Tage später war ich gefasster, kam zur Ruhe und habe mich innerlich mit meiner Krise auseinandergesetzt, etwas nüchterner und mit einem frischen Geist. Ich habe begonnen, mich in Foren zu informieren, mich mit anderen Frauen auszutauschen, die Ähnliches wie ich durchmachen mussten, und habe Schritt für Schritt gelernt, die Situation zu akzeptieren. Akzeptanz ist, meiner Meinung nach, ein essenzieller Faktor bei der Krisenbewältigung. Du musst akzeptieren, dass das Leben auch Schattenseiten hat, dass es aber nicht unbedingt immer deine Schuld ist, wenn etwas schiefgeht, und dass du trotzdem versuchst, dein Bestes zu geben und dir selbst treu zu bleiben.

Die perfekte Mischung

Ich will dir nicht raten, dich komplett abzuschotten und dein Problem zu ignorieren. Versuche allerdings, dich auch nicht zu sehr hineinzusteigern, sondern finde die Mitte zwischen Ablenkung und Akzeptanz. Akzeptiere, dass dir etwas Negatives widerfahren ist, versuche aber, dein Leben weiterhin zu leben, deine Leidenschaften zu verfolgen, dich abzulenken und zu tun, was dich glücklich macht, ohne dich dabei schuldig oder schlecht zu fühlen. Du hast Glück verdient, Freude, auch wenn die

Situation rund um dich herum gerade schrecklich erscheint. Nur so kannst du heilen. Ich habe es auch irgendwann geschafft, zu heilen, mit der perfekten Mischung, mit der Hilfe und der Unterstützung meiner Liebsten und dem ständigen Versuch, positiv zu bleiben. Wenn ich es geschafft habe, dann schaffst du es auch, da bin ich sicher.

6

WIDERSTAND GEGEN DEN WIDERSTAND

Du weißt ja bereits, dass ich in meinem Leben mit viel Widerstand zu kämpfen hatte. Heute kämpfe ich nicht mehr, denn ich habe gelernt, dass das gar nicht unbedingt notwendig ist. Denn in meinen Augen sind Hater nichts anderes als Bots, also Roboter, seelenlose Maschinen, die Nonsens von sich geben, denn die Unwissenheit der Hater ist allgegenwärtig. Außerdem habe ich gelernt, dass Emotionen, egal ob sie positiv oder negativ sind, etwas auslösen. Willst du also erfolgreich werden, wirst wegen deines Talents, deiner Passion oder deines Aussehens kritisiert, dann ist das sogar bis zu einem gewissen Grad gut, denn die Leute reden über dich, sie sind wahrscheinlich sogar eifersüchtig und können nicht mit deinem Erfolg leben. Hater haben mir auch zu meinem Erfolg verholfen, sie haben mir gezeigt, dass ich mich nicht mehr rechtfertigen muss, und haben mich auf eine grandiose Idee gebracht, die mein Leben veränderte.

Als die Hate-Welle nach meiner Teilnahme bei Austrias Next Topmodel losgetreten wurde, habe ich mich intensiv mit der Kritik auseinandergesetzt. Es war nicht das erste Mal in meinem Leben, dass ich angegriffen wurde, trotzdem war es damals sehr viel für mich. Auch später, als ich mit den sozialen Medien Karriere machte und endlich mit meinem Hijab, meiner echten Persönlichkeit, durchstartete, ließen Hate-Kommentare und Kritik nicht lang auf sich warten. Ich glaube, jeder von uns, der nicht der Norm entspricht, der anders ist als die anderen, hat in seinem Leben bereits Hate, Mobbing oder Widerstand erfahren, egal, ob im echten Leben oder in der virtuellen Welt.

Niemand bleibt verschont,
also nimm es nicht persönlich

Als ich realisiert habe, wie viel Hate ich einstecken muss, für etwas, das in meinen Augen völlig normal, weder anstößig noch falsch war, habe ich realisiert, dass es nicht unbedingt an mir liegt. Ich habe bemerkt, dass fast jede Person, die in der Öffentlichkeit steht, die durch ihren Hijab auffällt, die erfolgreich ist und die scheinbar ein gutes Leben hat, Hate abbekommt. Ob das ein Politiker, eine Sängerin, ein Schauspieler oder ein erfolgreicher Arzt ist, der seine Tipps online teilt und nur die besten Intentionen verfolgt, auch sie müssen sich mit beleidigenden Kommentaren auseinandersetzen. Vielleicht wäre es sogar verwunderlich, wenn ich gar keinen Hate abbekommen hätte? Wäre ich dann langweilig? Nicht der Rede wert? Ich will Hate keinesfalls schönreden oder relativieren, aber ich glaube, es ist immer wieder gut, sich vor Augen zu führen, dass jeder, der eine Leidenschaft verfolgt und anders ist, irgendwann Hate abbekommt. Suhlen wir uns im Mainstream, lassen unsere Besonderheiten nicht hervorscheinen und versuchen, uns der Masse anzupassen, dann können wir diesen Hate vielleicht vermeiden, aber dann sind wir auch nicht die, die wir sind, sondern die, die wir sein sollen, und das möchte ich verhindern. Kein Bot sollte dich jemals dazu bringen, deine Individualität aufzugeben und mit dem, was du liebst, aufzuhören.

Hater sind nichts als Bots

Du erinnerst dich daran, dass Frustration zu Motivation gedeihen kann? So ist das auch bei der Frustration des Hates. Wenn ich heutzutage mit Kritik und Hate konfrontiert werde, dann wird irgendein Knopf in meinem Kopf gedrückt, und ich bin tatsächlich noch motivierter, neue Herausforderungen anzunehmen und neue Challenges einzugehen. Allein schon deswegen, um den Hatern zu zeigen, dass ihre Negativität mir nichts anhaben kann, dass ich erst recht allen beweisen werde, dass mehr in mir steckt, als die Bots glauben, und dass mich deren oft völlig verzerrte Ansichten und Meinungen schlichtweg nicht mehr interessieren. Ich sehe in diesen Hatern mittlerweile nichts mehr als Bots, Zahlen, Computer, die wahllos sinnlose Wörter und Texte ausspucken, ohne überhaupt zu wissen, wovon sie sprechen. Ich lese mittlerweile auch gar nicht mehr, was die meisten dieser Bots zu sagen haben, ich ignoriere sie, stehe drüber und vor allem: Ich rechtfertige mich nicht mehr!

HÖRE ENDLICH DAMIT AUF, DICH ZU RECHTFERTIGEN!

Ein wichtiger Schritt auf deiner Reise zu dir und deinem Widerstand gegen den Widerstand ist das Beenden des Rechtfertigens. Ich kenne es zu gut, ich wollte es immer allen Menschen in meinem Umfeld recht machen, habe mich angepasst und alles getan, damit mein Gegenüber zufriedengestellt ist, selbst wenn ich dadurch Schmerzen hatte oder es mir nicht gut ging, Hauptsache die anderen waren zufrieden. Auch die Leute da draußen, die Follower, sogar die Hater wollte ich zufriedenstellen, mein Wohl stand immer an letzter Stelle. Ich habe mich ständig gerechtfertigt, entschuldigt, erklärt, versucht, Ausreden zu finden, für Dinge, die gar keine Ausrede verlangen, nur, weil ich gefallen wollte. Bis ich mich nur noch wie eine Marionette gefühlt habe. Nutzlos, ohne eigenen Willen und unerfüllt. Bis ich realisiert habe, dass ich mich nicht immer für alles, für jeden Schritt, für jede Entscheidung, für jedes Outfit, für jedes Make-up, für jeden Satz, der aus meinem Mund kommt, rechtfertigen muss. Und plötzlich fühlte ich mich befreit. Ich glaube, dieses ständige Rechtfertigen, allein schon für unsere Existenz, ist Gift für die Seele.

Wenn ich gefragt werde, warum ich so gut Deutsch spreche, muss ich oft schlucken. Auf der einen Seite kann diese Frage aus einer Neugierde heraus entstehen, auf der anderen nervt sie mich, denn ich bin Österreicherin, ich bin hier geboren und aufgewachsen, und deshalb spreche ich Deutsch, so wie jeder andere Österreicher auch. Warum muss ich mich also rechtfertigen? Hier ist es wichtig, zu unterscheiden, ob eine Frage, ein Kommentar oder eine Anspielung aus Neugierde hervorgeht oder aus Provokation. Merkst du, dass sich jemand tatsächlich für dich als Person interessiert, dann kannst du gern offen sein, einen Diskurs eröffnen und auch Fragen, wenn sie angebracht sind, beantworten. Reduziert dich jemand allerdings nur auf deine Figur, dein Aussehen, deinen Hijab, also deine Stärke, und hegt einen kritischen Unterton, dann rechtfertige dich nicht. Fragen wie »Oh, warum bist du so dünn?«, »Warum bist du so dick?« oder »Warum hast du als Mann lange Haare? Kannst du dir keinen Frisör leisten?« sind Fragen, die keine Rechtfertigung verlangen. Ignoriere Menschen, die dir ein unangenehmes Gefühl geben, rechtfertige dich nicht für jede Entscheidung und stehe zu deiner Individualität! So merzt du die Bots ganz von selbst aus.

DIE UNWISSENHEIT DER BOTS

Bots haben keine Ahnung, wovon sie sprechen. Erinnerst du dich noch an die Kommentare, die mir aufgrund meiner Social-Media-Präsenz oder meiner Teilnahme bei Austrias Next Topmodel gesendet wurden? Vielleicht ist es an der Zeit, uns diese Kommentare genauer anzusehen und zu entlarven, wie viel Unwissenheit eigentlich hinter ihrem Inhalt steckt.

Ich habe mich für drei der Kommentare entschieden, die besonders häufig fallen und die, gerade anfangs, besonders weh getan haben.

»Du hast mit deinem Kopftuch in Österreich nichts zu suchen, entweder du integrierst dich oder du fliegst wieder zurück nach Afghanistan.«

Bei diesem Kommentar weiß ich gar nicht, wo ich anfangen soll. Inwiefern habe ich mich nicht integriert? Ich bin hier geboren, beherrsche die deutsche Sprache, habe die Schule besucht, maturiert, arbeite hier, zahle Steuern und führe ein friedliches Leben, ohne jemanden zu belästigen oder zu stören. Abgesehen davon, dass ich nicht aus Afghanistan komme, ist dieser Kommentar nichts als lächerlich. Ich kann heute darüber lachen, denn nichts davon hat etwas mit der Realität zu tun, das Einzige, was diesen Kommentar getriggert hat, ist wohl mein Kopftuch, aber dazu stehe ich, es gehört zu mir und es hindert niemanden daran, sich trotzdem in eine andere Kultur zu integrieren.

»Dein Ehemann zwingt dich doch dazu.«

Auch hier haben wir es mit klassischem Unwissen zu tun. Auch wenn sich dieser Kommentar um ein heikles Thema dreht. Wie du bereits weißt, zwingt der Islam niemanden, ein Kopftuch zu tragen. Frauen dürfen sich dazu entscheiden, wenn sie das möchten, aus freien Stücken und ohne Einfluss aus der Familie. Oft genug heißt es, dass Männer uns dazu zwingen würden. Unsere Väter, unsere Brüder oder der eigene Ehemann. Ich möchte nicht abstreiten, dass es in manchen Ländern so eine Zwangskultur, eine Zwangsregierung gibt, die die Frauen dazu zwingt. Aber diese Negativkommentare dürfen nicht pauschalisiert werden, nicht jede Frau lebt unter Zwang, mein Vater war sogar dagegen, dass ich einen Hijab trage, und mein Ehemann ist der Letzte, der mich zu etwas zwingen würde. Siehst du, wie wenig Wahrheit hinter diesen Kommentaren der Bots steckt?

»Du trägst einen Hijab und präsentierst dich?«

Ich will mich nicht mehr rechtfertigen, das ist Gift für die Seele, wie wir wissen, aber ich möchte falsche Vorurteile aus dem Weg räumen. Eine Frau, die sich aus eigenen Stücken dazu entschieden hat, ein Kopftuch zu tragen, muss sich nicht verstecken. Sie muss keine Hausfrau sein, sie muss nicht für ihren Mann kochen und das Haus putzen. Sie darf jeden Beruf ausüben, den sie möchte, sie darf sich schminken, sie darf auch Influencerin sein, wenn sie das will, ja, sogar Model. Ich bin keine arme Kopftuchfrau, die unterdrückt wird, ich bin stark und ich stehe zu meiner Religion, meinem Hijab und zeige das auch so.

DIE DOPPELMORAL DER BOTS

Wüssten wir immer, wer hinter den Hate-Kommentaren steckt, wie diese Personen leben, was diese Personen so machen, dann würden wir oft sofort erkennen, dass sie einer Doppelmoral folgen und ihre Meinung selbst entkräften. In meiner Religion darf laut dem Koran nur Gott urteilen, trotzdem urteilen gerade die radikalen Moslems über meine Teilnahme bei der Casting-Show und meine Social-Media-Präsenz. Da stimmt doch was nicht?

Warum sind es eigentlich auch immer die Männer, die denken, sie könnten über mich als Frau urteilen? Sie urteilen und beleidigen mich, sagen mir, ich sei eine Schande für unsere Religion, wenn ich mir dann allerdings manche ihrer Profile angesehen habe, wurde klar, dass die Hälfte der Personen, denen diese Männer folgen, Bikini-Models, halbnackte Frauen und Playboy-Bunnys sind. Solch eine Doppelmoral kann und will ich gar nicht ernst nehmen. Es fällt den Menschen immer leicht, mit dem Finger auf andere zu zeigen, auch wenn sie selbst nicht besser sind. Das traurige daran ist, dass so unsere Religion ein negatives Stigma bekommt. Radikale, die keine Frauenpower akzeptieren, die nur Hass und Negativität verbreiten, schaden dem gesamten Image meiner Glaubensrichtung. Dabei ist es nicht die Religion, die »böse« ist, sondern jene Menschen, die glauben, über andere urteilen, bestimmen und richten zu dürfen.

Aber auch die Österreicher, die Westlichen, die Christen, die Atheisten haten unbegründet. Hate hat keine Hautfarbe, keine Religion, Hate kann von allen Seiten kommen, nur die Dummheit und die Unwissenheit sind oft der gemeinsame Nenner.

Wenn du verstehst, dass hinter den Kommentaren der Hater, hinter den Aussagen der Mobber und hinter den Blicken der Kritiker nichts weiter steckt als Eifersucht, Selbstzweifel und Dummheit, dann wirst du sie dir irgendwann nicht mehr so zu Herzen nehmen. Du darfst nicht in jedem Kommentar nach der Wahrheit suchen, denn viele von ihnen beinhalten keine. Hater verstehen oft nicht, dass deine Individualität etwas Besonderes ist und nichts, wofür du verurteilt werden solltest. Nur weil sie sich nicht trauen, ihren Hijab noch nicht identifiziert haben, noch nicht wissen, wer sie sind, und es ihnen an Mut und Selbstvertrauen fehlt, versuchen sie, dich runterzuziehen. Dabei wären sie tief im Inneren gern so aufgeschlossen und frei wie du.

WENN HATER ZU FANS WERDEN

Du wirst es vielleicht nicht glauben, aber viele meiner ehemaligen Hater und Kritiker sind heute meine größten Fans. Manche von ihnen haben sogar ihr Fehlverhalten eingesehen und sich bei mir entschuldigt, andere wissen vielleicht gar nicht, dass ich mir dessen bewusst bin, dass sie mir einst sehr unschöne Nachrichten zukommen ließen, und verhalten sich heute so, als wären wir beste Freundinnen. Für mich ist es egal, ob sie sich entschuldigen, ob sie es bereuen oder sich überhaupt daran erinnern, für mich zeigt es, dass sie nie aus Hass, sondern eher aus Neid, Angst oder Unwissen gehandelt haben, und das kann ich ihnen verzeihen.

Nach der Ausstrahlung von ANTM rief mich zu meinem Erstaunen eine alte Schulkollegin an. Wir waren nie befreundet, aber ich kannte sie und ich hatte nie ein Problem mit ihr, hätte daher auch nie damit gerechnet, dass sie ein Problem mit mir hätte. »Hallo?«, fragte ich zaghaft, als der unbekannte Anrufer auf meinem Handy aufschien. »Hi Baraa, ich bin's, Layla, aus der Schule. Ich würde mich gern bei dir entschuldigen.« Ich war verwirrt. Sie hatte mir nie etwas getan, in der Schule sind wir uns nie wirklich nähergekommen, wir hatten schon seit Jahren keinen Kontakt und plötzlich bittet sie mich um Entschuldigung? »Was ist denn los, wofür möchtest du dich denn bitte entschuldigen? Wir sind doch gut miteinander, oder?«, fragte ich, um die Situation einordnen zu können. Sie erklärte mir mit einem etwas zaghaften und beschämten Unterton, dass sie sich sehr über mich aufgeregt, gelästert und sich mit ihren Freundinnen über mich lustig gemacht hat, als sie von meiner Teilnahme erfahren hatte. Nach der Ausstrahlung hat sie allerdings realisiert, dass ich mir, meiner Religion und dem Hijab treu geblieben bin, dass ich keine Schande für unsere Religion, sondern ein Vorbild war und dass es ihr leidtut, dass sie meinen Namen schlecht in den Mund genommen und andere zum Lästern angestiftet hat. Im Prinzip war mir das egal, soll sie reden, aber die Stärke, die sie zeigte, indem sie sich entschuldigte, rechne ich ihr hoch an. Heute ist sie sogar ein richtiger Fan, sie likt meine Beiträge, sie supportet mich und ist von meinen Inhalten begeistert.

Andere Hater treiben es sogar noch weiter und unterstützen mich finanziell, an dieser Stelle ein großes Dankeschön an euch! Einige weibliche Follower haben sich in ihrer Wortwahl oftmals nicht zurückgehalten, mich direkt angeschrieben, beleidigt und beschimpft. Manche dieser Nachrichten bleiben mir im Gedächtnis, so auch ihre Verfasser. Oft reicht es auch, bei einer neu eintreffenden Nachricht etwas nach oben zu scrollen, um die etwas pikanteren und älteren Nachrichten einzusehen. Ziemlich erstaunlich, fast schon witzig, ist es dann, wenn diese Hater, die dich als »Schande«, als »Hure« oder als »scheiß Ausländerin« betitelt haben, plötzlich deine Produkte kaufen, wissen wollen, wo du diesen einen Lippenstift herhast, und deine Videos teilen.

Hater kaufen meine Produkte,
kannst du das glauben?

Auch wenn es paradox klingt, aber im Grunde ist Hate gar nicht so schlecht. Immerhin sprechen die Leute über dich, das heißt, du bist interessant genug, um in Erinnerung zu bleiben. Wenn du erfolgreich sein möchtest, deine eigene *Brand* starten willst oder in den sozialen Medien durchstartest, dann musst du eigentlich dafür sorgen, ob bewusst oder unbewusst, dass die Menschen über dich sprechen, über dich nachdenken und sich zu dir und deinem Hijab, deinem Business oder deinem USP, deinem unique selling point, äußern, im negativen oder im positiven Kontext. Klar ist es angenehmer und erfreulicher, wenn es im positiven Kontext geschieht, allerdings können auch negative Kommentare daher kommen, dass du nun mal interessant, anders und nicht langweilig bist. Du inspirierst und damit können viele Menschen nicht umgehen. Neider wird es immer geben, manchmal können sie richtig bösartig sein, dir deine Erfolge nicht gönnen, und sie werden versuchen, dich unterzukriegen und zu brechen. Lernst du aber, wie du mit Hate umgehen kannst, und denkst daran, dass sie alle nur ahnungslose Bots sind, dann kannst du darüber hinwegsehen und sie reden lassen.

Im Islam gibt es ein Sprichwort. Wenn jemand über dich lästert oder dir etwas Schlechtes tut, bekommst du dafür gute Taten auf dem Silbertablett serviert. Ich kann aus Erfahrung sagen, dass sich dieses Sprichwort schon oft bewahrheitet hat. Auch wenn es kurzfristig schwer ist, mit Widerstand umzugehen und diese Kommentare zu lesen oder zu hören, irgendwann werden deine Hater zu Fans, irgendwann zahlen sie vielleicht sogar deine Miete, wie die Hater, die heute meine Produkte kaufen. Dass Hater sogar inspirieren und dich auf neue Ideen bringen können, habe ich selbst erlebt, ich verdanke ihnen sogar einen großen Teil meines Erfolges, wie sich auf meiner Reise zu mir selbst, meinem Hijab und meinem Business noch herausstellen sollte.

WIDERSTAND WIRD ES IMMER GEBEN

So gern ich dir auch versprechen würde, dass Hate, Mobbing und Kritik irgendwann komplett enden werden, kann ich das leider nicht. Vielleicht hast du Glück, und dein Umfeld, deine Follower oder die Menschen, denen du so begegnest, sehen keinen Grund darin, zu haten, weil du an Selbstvertrauen gewonnen hast und dir ihre Kommentare sowieso nichts mehr anhaben können. Leider kann es aber auch passieren, dass der Hass nie ganz verschwindet, denn manche Menschen können leider keines Besseren belehrt werden. Auch darauf möchte ich dich vorbereiten und dir eine Geschichte erzählen, die mich bis heute prägt.

Die Busfahrt

Es war ein regnerischer Tag. Mein Mann hatte Nachtschicht, ich war zu Hause und habe mich früh morgens auf den Weg gemacht, meinen Sohn in den Kindergarten zu bringen. Ich wartete mit dem Kinderwagen an der Station, der eintreffende Bus schien wie eine Erlösung, denn es war kalt, nass, und ich war müde. Bereits beim Einsteigen spürte ich die Negativität einer Dame, unsere Wege kreuzten sich für einen Augenblick, der Gesichtsausdruck, den sie mir zuwarf, sprach Bände. Ich ließ mich nicht weiter auf die unangenehme Spannung zwischen uns ein und ging weiter. Ich hielt Ausschau nach einem Platz, am besten dort, wo der Kinderwagen nicht im Weg ist, habe mich umgesehen, ob jemand anderes den Platz dringender braucht als ich, und nach meiner Observation Platz genommen.

»Scheiß Kopftuch«, vernahm ich plötzlich, während ich verloren am Fenster saß und den Regentropfen dabei zusah, wie sie an der Busscheibe entlang rannen. Ich blickte auf und realisierte, dass der Kommentar von ebenjener Dame kam, die mir bereits bei Eintreten in den Bus ein komisches Gefühl gegeben hatte. Ich bin doch extra wegen ihr in den hinteren Teil des Busses geflüchtet, plötzlich stand sie direkt neben mir und murmelte Beschimpfungen gegen mich und mein Kopftuch vor sich her. Ich habe erstmal versucht, das Gestammel zu ignorieren. Die Frau schien nicht ganz bei Sinnen zu sein und ich hoffte, sie würde aufhören, wenn ich sie mit Ignoranz strafte. Doch leider stoppte sie das nicht. Während sie vor sich hin stänkerte und immer lauter und aggressiver wurde, spürte ich ihre Speicheltropfen in meinem Gesicht. Sie kam immer näher, der Bus war voll mit Menschen, ich fühlte mich hilflos, die anderen Mitfahrer schien der Aufruhr keineswegs zu interessieren. Niemand schenkte mir einen Blick der Empathie oder mischte sich ein, ich war auf mich allein gestellt.

Auch meine Geduld hat ein Ende. Beim vierten Speicheltropfen, den sie mir direkt ins Gesicht katapultierte, während sie mich als »depperte Ausländerin« beschimpfte, reichte es: »Sie sehen doch, dass ich nichts mache! Entweder sie lassen mich jetzt in Ruhe, oder Sie bekommen auch ein Problem, dann fange ich auch an, zu provozieren«, entgegnete ich ihr bereits sichtlich genervt, fast schon frustriert. Danach bin ich prompt ausgestiegen und hoffte, sie hinter mir zu lassen und mir mein Gesicht schnellstmöglich waschen zu können. Bevor ich auch nur drei Meter von der Busstation entfernt war, spürte ich plötzlich einen Schlag auf meinen Kopf. Zack. Plötzlich spürte ich, wie der Wind durch mein Haar rauschte. Es wurde kalt, denn sie hatte mir das Kopftuch vom Haupt gerissen und mich förmlich mit. Aus Reflex zog ich meinen Hijab so schnell wie möglich wieder hoch, versuchte, nicht das Gleichgewicht zu verlieren, und fing an, mich verbal zu verteidigen. Ich bin kein aggressiver, schon gar kein gewalttätiger Mensch, zurückzuschlagen oder sie zu stoßen waren daher keine Optionen für mich. Auch die Polizei zu rufen war nicht meine erste Reaktion, denn bis zu deren Eintreffen wäre die Dame längst weggewesen. Als die Dame auf meine Aufforderung, sich zu entschuldigen, und meine Frage, warum sie mir das angetan habe, keine konstruktive Antwort bot, sondern einfach weiter gehetzt und geschimpft hat, zückte ich mein Handy. Das glaubt mir doch sonst keiner. Ich filmte sie, sie schien das nicht zu stören, denn sie machte weiter, und so konnte ich ihre Untaten festhalten. Nach einigen Minuten wich sie auch endlich von meiner Seite und gab auf. Ich veröffentlichte den Ausschnitt kurz darauf im Internet.

Widerstand, Hass und negative Kommentare sind leider nicht nur im Netz anzutreffen. Hater und Bots existieren auch im realen Leben, dort, wo wir die Nachrichten nicht einfach ignorieren oder löschen können, sondern wo wir uns ihnen direkt stellen müssen. Ich habe mir nicht allzu viel dabei gedacht, als ich den kurzen Ausschnitt dieses Ereignisses veröffentlichte. Ich wollte in erster Linie darauf aufmerksam machen, dass Hate dieser Art leider immer noch fast täglich auftritt. Und zwar nicht nur gegen Frauen mit Hijab wie mich, sondern auch gegenüber anderen Personen, People of Color, gegenüber homosexuellen Menschen, gegenüber Menschen, die anders sind, einer anderen Religion folgen oder anders aussehen als die Norm oder der Mainstream. Menschen, die nichts weiter tun als zu existieren und sie selbst zu sein.

Am gleichen Abend habe ich die Frau noch angezeigt. Dank meines Videos und den Reaktionen darauf konnte ich herausfinden, wer diese Frau ist, leider war ich nicht ihr erstes Opfer. Im weiteren Laufe des Abends habe ich unzählige Nachrichten erhalten. Zuspruch, Dankbarkeit und Komplimente dafür, dass ich mich getraut habe, dieses Szenario zu veröffentlichen. Gerade muslimische Frauen tendieren dazu, über solche Vorfälle nicht zu sprechen. Es ist wie eine Art Tabu-Thema, sie wollen nicht als Schwächlinge wahrgenommen werden, sprechen kaum darüber, wenn sie angegriffen werden. Dabei wollen wir doch alle nur, dass es der nächsten Generation, unseren Kindern, eines Tages besser geht, dass sie nicht den gleichen Hass wie wir erfahren müssen. Und das lässt sich nur erreichen, wenn wir offen über die Dynamiken sprechen, denen wir ausgesetzt werden. Nehmen wir stillschweigend unser »Schicksal« hin, wird sich auch in Zukunft nichts ändern.

Mein Video ging jedenfalls binnen Stunden völlig unerwartet viral. Nicht nur in Österreich, sondern international. Am nächsten Morgen kam ein türkischer Journalist auf mich zu und wollte ein Interview führen. Ich willigte ein, hatte allerdings keine Ahnung, dass dieser Bericht schon Tage später in verschiedensten arabischen Ländern, im Mittleren Osten, in Amerika, Großbritannien, sogar in China, erscheinen sollte. Ich war überwältigt von dem Zuspruch, den ich erfahren durfte. Frauen, Männer, Menschen auf der ganzen Welt haben mir aufmunternde, bestärkende Nachrichten geschickt, sie haben mich aufgebaut und mich spüren lassen, dass ich nicht allein bin und dass wir alle, die für Gleichberechtigung, Individualität und Freiheit stehen, dasselbe Ziel verfolgen und gemeinsam dafür kämpfen. Kurz war ich unsicher gewesen, ob es richtig war, diesen Vorfall ins Netz zu stellen, als ich aber die Reaktionen der ganzen Welt beobachtete, wusste ich, es war die richtige Entscheidung. Ich habe ein Zeichen gesetzt, einen Missstand aufgezeigt, mit dem sich leider so viele Menschen identifizieren können und den so viele Menschen bereits am eigenen Leibe erfahren mussten.

Hass in dieser Form hinterlässt Spuren. Auch wenn mich der Zuspruch und das Interesse der Medien bestärkt haben, so heilen die seelischen Wunden nur langsam. Schon als ich spürte, dass mein Hijab von meinem Haupt gerissen wird, schossen mir die Tränen in die Augen. Ich konnte mich kurz fassen, um mich zu verteidigen und der Situation dann endlich zu entkommen. Auf dem Weg nach Hause konnte ich meine Gefühle nicht mehr zurückhalten. Die Menschen, die mich fragend ansahen, als ich in der U-Bahn vor mich hin schluchzte, waren mir in diesem Moment völlig egal. Ich musste es rauslassen. Ich bin eigentlich ein starker Mensch, würde ich zumindest von mir behaupten, und ich bin mir sicher, du bist auch stark. Aber in solchen Situationen, in Situationen der Hilflosigkeit und der Angst, ist es völlig valide, Schwäche zu zeigen, zu weinen, zu schreien oder sich zurückzuziehen. Mir gingen eine Million Dinge durch den Kopf. Ich war wütend, traurig, aber auch enttäuscht. Warum hat mir niemand geholfen? Warum hat keiner der Menschen in diesem Bus Solidarität gezeigt oder etwas gesagt? Bin ich tatsächlich so wenig liebenswürdig? Bin ich tatsächlich so anders? Anstatt zu helfen, haben sie gegafft, wie im Kino. Wundert mich, dass keiner das Popcorn aus der Tasche geholt hat, denn für meine Mitmenschen schien die Situation mehr Entertainment als Ernst zu sein. Für mich war es der blanke Horror.

Mein Ehemann und meine Familie haben ihr Bestes getan, mich aufzumuntern und abzulenken. Mir ging die Situation leider nur sehr schwer aus dem Kopf. Ich weinte wochenlang sehr viel, war verängstigt und hatte große Zweifel.

Nimm den Hate nicht persönlich!

Aus diesem Ereignis habe ich vor allem aber eine Erkenntnis mitgenommen: Nimm einen Angriff gegen deinen Hijab, deine Stärke, dein Anderssein, niemals persönlich. Ich habe verstanden, dass diese Frau nicht mich als Person, sondern mein Aussehen aufgrund von Vorurteilen, falschen Vorstellungen und inkorrekten Assoziationen angegriffen hatte. Heute habe ich Mitleid mit dieser Frau. Sie tut mir leid, denn sie muss sehr viel Hass, Trauer und Verbitterung in sich tragen, um grundlos Menschen anzugreifen, die ihr nichts getan haben, die lediglich existieren. Außerdem habe ich gelernt, mich auf das Positive zu fokussieren. In meiner Trauer und Wut habe ich kurzzeitig vergessen, dass es auch anders geht, dass es Menschen gibt, Österreicher und Moslems, die mir Komplimente machen, die mir Zuspruch geben, mit denen ich bereits die tollsten Gespräche in der U-Bahn führen durfte. Menschen, die sich für mich, meine Andersartigkeit, meinen Hijab, meine Religion, mein Make-up oder mein Business interessieren. Menschen, die nicht nur den Hijab sehen, sondern mich, Baraa, die dahintersteckt. Versuche auch du, dir die positiven Erlebnisse, die Komplimente, die schönen, aber vor allem die persönlichen Momente einzuprägen. Denn in diesen Momenten geht es um dich. Versuche, die negativen Kommentare, die Bots, die Hater, gar nicht erst die Überhand gewinnen zu lassen, und fokussiere deine Gedanken auf Liebe, Freude und Zuspruch, nicht auf Hass und Mobbing. Klar, wir können uns nie zu einhundert Prozent von den negativen Erfahrungen befreien, wir müssen Aufmerksamkeit schaffen, sie teilen und nicht unsere Augen davor verschließen. Wenn es aber um dein Wohlbefinden, deine Zukunft und deine psychische Gesundheit geht, dann lohnt es sich irgendwann, von den negativen Einflüssen Abstand zu halten und die Positiven in den Vordergrund zu rücken.

SCHAFFE AWARENESS!

Vorfälle wie dieser bestätigen meine Annahme, dass Hass tatsächlich oft mit Unwissen, Angst und Unverständnis einhergeht. Egal, ob es dabei um Religion, sexuelle Ausrichtung, Style, Tattoos, Haarfarbe oder andere äußerliche oder innerliche Abweichungen der Norm geht. Diese Tatsache einfach zu akzeptieren ist keine Option, weshalb ich für mich und meinen Hijab eine kleine Aktion entwickelt habe, die genau diese Problematik lösen, Awareness schaffen und Akzeptanz erzielen soll.

Hat deine Mama ein Problem mit deinem Piercing? Ist deine Oma völlig schockiert über deine blauen Haare oder findet dein Vater deinen Style einfach grauenhaft und versteht deine Art, dich auszudrücken, nicht?

Dann versuche, ihnen genau das näher zu bringen! Versuche, ihnen zu zeigen, dass die blauen Haare nichts an deinem Inneren ändern, versuche, ihnen aufzuzeigen, dass ein Piercing nicht das Ende der Welt ist und dass dein verrückter Style Spaß macht und deine offene und einzigartige Persönlichkeit unterstreicht. Zeige ihnen, dass dein Hijab nichts ist, wovor sie Angst haben müssen, indem du sie es selbst erfahren und ausprobieren lässt.

Hijab Transformations

Ich versuche, meinen Mitmenschen die Angst vor meinem Hijab, meinem Kopftuch, zu nehmen, indem ich ihnen einfach einen aufsetze. Klingt logisch, oder? In Form von Hijab Transformations habe ich ein Video-Format ins Leben gerufen, welches auf meinem Youtube-Kanal zu verfolgen ist, welches auch mit meinem Business Hand in Hand geht und einen sehr hohen emotionalen Wert für mich hat, denn die Menschen, die ich dabei treffe, die Verwandlungen, die sie mit mir durchmachen, und das Bewusstsein, welches ich damit schaffe, sind unbezahlbar.

Als ich zum ersten Mal mit meiner Kamera durch die Straßen Wiens ging, mit ein paar bunten Hijabs in der Tasche und viel Motivation, war ich unfassbar nervös. Ich hatte keine Ahnung, was auf mich zukommen würde, ob mein Vorhaben erfolgreich sein würde oder die Menschen mich auslachten, keine Lust auf mich hätten oder nur noch mehr hateten. Ich wollte den Leuten da draußen die Angst nehmen, zeigen, dass ein Kopftuch nichts mit Zwang zu tun hat, dass auch eine Muslima Spaß am Leben haben kann, Model, Unternehmerin, Influencerin, all das sein kann, wovon sie träumt, und dass es sich gar nicht so schlecht anfühlt, einen Hijab zu tragen. Außerdem wollte ich vor allem den Mädels zeigen, dass sie mit oder ohne Kopftuch, mit bedecktem Haupt oder vollem Haar, wunderschön sind. So machte ich mich auf zur größten Einkaufsstraße Wiens, der Mariahilferstraße, wo ich mir erhoffte, viele Menschen zu erreichen und ein paar Verwandlungen durchführen zu können. Von meiner anfänglichen Nervosität geleitet, habe ich die erste Teilnehmerin ziemlich schnell gefunden, eine sehr hübsche, blonde Frau, die auf meine zaghafte Frage, ob ich ihr nicht den Hijab anlegen dürfte, überraschend aufgeschlossen und empfänglich reagierte. »Ja klar, das klingt cool«, war ihre aufheiternde Antwort, die meine Nervosität auch in kürzester Zeit deutlich gemildert hat. Ich denke, die Erleichterung war mir anzusehen, ich habe trotzdem versucht, professionell zu bleiben, habe ihr den Hijab in ihrer Lieblingsfarbe angelegt und darüber gesprochen, woher diese Tradition eigentlich kommt, warum es mir wichtig ist, Awareness zu schaffen, und welche Techniken des Wickelns und Anlegens es gibt. Als ich fertig war, zeigte ich der Frau das Endergebnis, einen Spiegel hatte ich immer dabei, und sie war begeistert. Sie hätte niemals gedacht, dass sie sich selbst so hübsch finden würde, erklärte sie mir. Ich war glücklich, denn ich habe gesehen, wie ich einer Person, die in ihrem Leben wohl noch nie mit meinem Hijab, dem Kopftuch, zu tun hatte, damit ein Lächeln ins Gesicht zaubern konnte.

Ich habe diese Transformationen ziemlich oft gemacht. Nicht jede Person war so offen wie diese junge Frau, nicht jede will einen Hijab tragen, nicht einmal für ein paar Minuten, aber die Menschen, die offen dafür waren, haben allesamt etwas daraus mitgenommen, genauso wie ich auch. Selbst wenn ich an einem Tag nur einen Menschen aufklären, ihm die Angst nehmen und eine Botschafterin für meinen Hijab sein kann, dann ist das bereits ein Erfolg. Nach einigen Anläufen habe ich eine ungefähre Statistik erstellt:

Von zehn Menschen sagen mir drei zu.

Gar keine schlechte Bilanz, wie ich finde. Trotzdem musst du auch hart im Nehmen sein, wenn du ein Botschafter für deinen Hijab werden willst. Egal, ob du das im Freundes- und Familienkreis oder so wie ich auf der Straße ausprobieren möchtest, du musst auch mit Ablehnung rechnen. Oft lassen mich die Leute nicht einmal ausreden. »Was will diese Kopftuch-Frau von mir?« sind Reaktionen, die ich oft beobachte. Oft denken die Menschen auch, ich wollte ihnen etwas verkaufen oder sie bekehren, ich finde das schade, aber ich habe gelernt, auch das zu akzeptieren und wie bereits erwähnt an den positiven Erlebnissen und nicht an den negativen festzuhalten. Ich habe diese Idee in der Folge noch erweitert, diese Transformationen auch während meiner Reisen in London, in Dubai, überall dort, wo ich hinkam, durchgeführt. Die Reaktionen? Noch besser als in Wien! Ich möchte nicht behaupten, dass die Wiener weniger offen für Neues seien, bloß die Vorurteile und die Abneigung, die ich in Bezug darauf erfahren musste, sind mir an anderen Orten der Welt weniger radikal vorgekommen. Woran das liegt, weiß ich nicht, letzten Endes ist es auch egal, denn ich bin dabei, das zu ändern, egal, auf wie viel Widerstand ich noch stoßen werde.

Kennst du dieses Gefühl, wenn Menschen nur dein Kopftuch sehen?

Oft habe ich das Gefühl, dass Menschen, die ich peripher und oberflächlich kennenlerne, mit denen ich zum ersten Mal in Kontakt trete, nur das Kopftuch sehen. Sie sehen eine Sache, blaue Haare, ein Piercing, ein Kopftuch, einen Style, eine Körperstatur, ein Tattoo, eine Hautfarbe, und schon haben sie Vorurteile, sie denken, zu wissen, wer du bist. Sie verstehen nicht, dass hinter diesem Kopftuch ein Mensch, ein Charakter und so viele Facetten stecken, denn sie sehen in meinem Fall nur Islam, Zwang und Radikalität. Dass ein Mensch mit Visionen, Zielen, eigenen Gedanken und einer Message dahintersteckt, sehen sie oft nicht. Deswegen ist Awareness so wichtig! Um gegen Hate, gegen Unwissen und gegen Vorurteile anzukämpfen.

Es gibt nichts Schöneres, als Menschen, Vorlieben, Kulturen, Hobbys oder Individualität zu teilen und miteinander zu verbinden. Das ist zwar manchmal anstrengend und beschwerlich, aber jeder Erfolg, jede Verwandlung, jede positive Rückmeldung und jede Meinung, die sich ändert, sind all die Misserfolge und Niederlagen wert. Denn auch, wenn du nur einen Menschen von deinem Hijab überzeugst, wenn nur ein Mensch mehr versteht, dass dich dein Hijab zu etwas Besonderem macht und dass dein Hijab keine Schwäche, sondern eine Stärke ist, dann hast du bereits gewonnen. Wer weiß, vielleicht findet deine Oma ja auch Gefallen daran, einen Tag lang mit dir gemeinsam mit blauen Haaren, in Form einer auswaschbaren Tönung, zu rocken.

EXTERNER WIDERSTAND, STATT INNERER KAMPF

Ich habe mich mittlerweile mit dem Widerstand fremder, unwissender Menschen abgefunden. Ich versuche zwar, mit dem richtigen Mindset, den Hijab Transformations und einem Ende des Rechtfertigens dagegen vorzugehen, ich akzeptiere allerdings auch, dass es immer Hater, Neider und Kritiker geben wird. Gäbe es sie nicht, dann würde ich wohl auch etwas falsch machen, langweilig sein und nicht zu meinem Hijab stehen, mich quasi dem Mainstream beugen. Und genau das versuche ich zu meiden, und genau davon möchte ich dir auch abraten. Auch wenn die Kritik manchmal hart ist, lass dich niemals von anderen Menschen zu etwas machen, das du nicht bist. Lass dich niemals von Kommentaren beeinflussen, die deiner Individualität schaden. Sei kein Mitläufer, kein People-Pleaser, kein Lemming, denn was in dir steckt, macht dich so viel schöner und besonderer als das, was andere Menschen, die Gesellschaft oder Bots von dir erwarten.

Externer Widerstand ist erträglicher als der innere Kampf, den du antreten musst, wenn du dich dafür entscheidest, deinen Hijab abzulegen. Machst du das, was die anderen von dir wollen, dann hast du vielleicht mit weniger Hass und Kritik, mit weniger Unverständnis und Unwissen, zu kämpfen, dein innerer Kampf wird dich allerdings noch mehr zerstören als die Worte deiner Mitmenschen. Bleibst du dir selbst nicht treu, wirst du zu deinem eigenen, größten und härtesten Gegner. Du wirst zu deinem Feind, bist unzufrieden und bist kein Botschafter deiner Stärke mehr, sondern begräbst sie, nur um dem externen Widerstand zu entkommen, dabei ist dein innerer Kampf noch eine viel härtere Schlacht.

Selbst der Prophet Mohammed, Frieden und Segen auf ihm, hat Hate abbekommen. Er wurde gepeinigt, sogar mit Steinen beworfen, und er hat trotzdem weitergemacht, hat ein Ziel vor Augen gehabt. Versuche, weiterzumachen, auch wenn es schwer ist. Versuche, die Bots zu ignorieren, und lass dich nicht von solchen Clowns verunsichern, irgendwann werden deine Hater tatsächlich zu deinen Supportern, daran glaube ich ganz fest, und irgendwann wirst du zum Vorbild. Du musst nur vergessen, wer du sein sollst, und lernen, wer du bist. Und ich glaube, wir sind auf einem ziemlich guten Weg dorthin.

7

DEIN HIJAB IST DEINE STÄRKE, NUTZE IHN

Um zu vergessen, wer wir sein sollen, und zu lernen, wer wir sind, ist es essenziell, zu verstehen, dass dein Hijab deine Stärke ist, nicht deine Schwäche. Außerdem musst du erkennen, dass dein Hijab nicht die einzige Sache ist, die dich ausmacht, sondern dass er ein Teil von dir, Teil von einem großen Ganzen ist.

Irgendwann gilt es zu erkennen, wie du aus deiner Stärke lernst, wie du vielleicht sogar erfolgreich mit ihr wirst, wie du sie gemeinsam mit deinen anderen Stärken, deinen Besonderheiten und deiner Authentizität vereinbarst und wie du so die beste Version deiner selbst kreieren kannst. Außerdem möchte ich, dass du verstehst, dass Erfolg nichts mit deiner Herkunft, deinem sozialen Status, deinen Eltern, deinen Freunden oder deiner Umgebung zu tun hat. Er hat allein mit dir, deinem Willen und deinem Hijab zu tun. Förderst du ihn, fütterst ihn und schaust dir selbst dabei zu, wie du wächst, oder erstickst du ihn lieber im Keim?

WO EIN WILLE IST

Erinnerst du dich noch an das Foto? Das eine Foto, welches mein Leben grundlegend verändern sollte? Die Kommentare der Nutzer, das große Interesse, der Zuspruch und die Tatsache, dass es sich bei dem Bild um ein Bild von mir mit Hijab und mit Make-up gehandelt hat, so wie ich bin, ungefiltert und real, schienen mir genügend Zeichen zu sein, um endlich etwas an meinem Leben zu ändern. Um endlich diesen unterbezahlten Vollzeitjob zu beenden, um endlich wieder glücklich zu sein. Ich habe gespürt, dass ich auf diesem Foto ich selbst bin, das schien den Followern und den Nutzern in den sozialen Medien zu gefallen, mir bot es vor allem Bestätigung und einen kleinen Selbstbewusstseins-Boost, der nie schadet.

»Schon wieder das Kopftuch«, dachte ich, als ich die unzähligen positiven Rückmeldungen für mein Posting erhielt. Denn es war nicht das erste Mal, dass mein Hijab mir Chancen eröffnete. Hätte ich meinen Hijab schon vor Jahren abgelegt, dann wäre ich vielleicht nie bei Austrias Next Topmodel gelandet. Klar, die Erfahrung dort war durchwachsen, aber immerhin konnte ich ein Zeichen setzen. Hätte ich meinen Hijab, wie von so vielen verlangt, abgelegt, hätte ich auch nie meine eigene Firma gegründet, denn diese entstand aus dem unschuldigen Posting von mir und meinem Hijab. Als ich erkannte, wie groß das Interesse an meinem Hijabi-Look war, machte ich mich schlau, denn vor allem dieser Rollkragen, den ich bereits erwähnt hatte, schien die überschaubare Anzahl meiner Follower besonders zu interessieren. Die Nachfrage war groß, irgendwann hatte ich es aber satt, Werbung für diesen einen Laden zu machen, der nicht einmal etwas von meiner Existenz wusste. Diese Neck-Cover-Bonnets, so heißt der Rollkragen, gibt es sonst kaum irgendwo zu kaufen, wie ich nach meinen Recherchen feststellte, und plötzlich machte es klick.

»Ich möchte meine eigene Firma aufbauen«, erzählte ich einige Stunden später aufgeregt meinem Mann. »Bist du verrückt geworden?«, war erneut seine initiale Reaktion. Ich verstehe ihn noch heute. Damals hatten wir kaum Geld. Uns ging es finanziell sehr schlecht. Ich arbeitete für einen geringen Lohn, mein Mann studierte, arbeitete nebenbei als Taxi-Fahrer und trotz all der Schufterei konnten wir kaum unseren Sohn versorgen. Es gab Momente, die gar nicht so weit in der Vergangenheit liegen, als Essen, ja sogar Windeln, zu teuer für uns waren, wir uns Geld von unseren Eltern leihen mussten und wirklich verstehen gelernt haben, was es bedeutet, Existenzängste zu haben. Ich werde diese Zeit nie vergessen, denn das Gefühl, als Mutter oder auch als Vater zu realisieren, dass du deinen eigenen Sohn kaum ernähren kannst, ist das schrecklichste Gefühl dieser Welt. Als ich jedenfalls mein eigener Chef werden wollte, meinen Job kündigen und eine *Fashion-Brand* aufbauen wollte, war mein Mann sehr unsicher. Immerhin hatten wir kaum Rücklagen, kaum Erspartes, und waren sogar noch kurz davor auf die Hilfe unserer Eltern angewiesen gewesen, auch wenn wir diese nie in Anspruch nehmen wollten. Ich glaube, jeder sah mir an, wie sehr ich für meine neue Idee brenne, wie gewillt ich war und noch immer bin, alles zu geben, und wie unglücklich ich in der damaligen Lage war. So erkannte auch mein Mann meinen Willen, er vertraute in mich und ich wusste, ich müsse es wagen, und es war an der Zeit, endlich zu lernen, ich selbst zu sein, meinen Träumen zu folgen und meinen Hijab als meine Stärke zu sehen. Ich sah es als große Stärke, dass ich kurzerhand entschloss, ein Business aus meinem Hijab zu machen. Ich hatte eine Vision.

Ich wusste, ich wollte alles geben. All mein Erspartes, auch wenn es nicht viel war, all meine Zeit, meine Energie und meine Emotionen flossen in diese neue Herausforderung. Ich wollte meine eigenen Rollkrägen, meine eigenen Prototypen und eigene Designs, irgendwann vielleicht auch meine eigenen Hijabs verkaufen. Denn damit kenne ich mich aus, Mode ist meine Leidenschaft, und wenn ich diese auch noch mit meiner größten Stärke, meinem Hijab kombinieren und anderen Frauen einen neuen Zugang zu diesem doch sehr traditionsbehafteten Kleidungsstück bieten kann, dann habe ich all das vereint, wofür ich stehe.

Du brauchst keine zehn-, zwanzig- oder dreißigtausend Euro, um ein Business zu starten. Du brauchst Leidenschaft, Willen und Motivation.

In meinem Kopf war die Idee bereits Realität geworden. Ich wusste ganz genau, was ich möchte, und habe mich von unserer finanziellen Lage nicht unterkriegen lassen. Ich habe quasi erneut manifestiert und mir bereits vor Firmenanmeldung vorgestellt, wie meine Produkte aussehen werden, welche Marketing-Strategien ich anwenden kann und wie mein Leben in einem Jahr aussehen könnte. Außerdem habe ich fest an mich geglaubt, denn zu diesem Zeitpunkt gab es für mich keinen Grund mehr, zu zweifeln, und ich war sicher, ich kann das schaffen.

Manchmal steckt mehr in dir, als du denkst, das habe auch ich lernen müssen. Auch wenn anfangs die leise Stimme der Angst zu mir sprach und mir weismachen wollte, dass ich niemals ohne Startkapital ein Business gründen könnte, so habe ich nicht hingehört und mir vor Augen geführt, dass jeder Mensch alles schaffen kann, solang eine Motivation und der Wille da sind. Mein Mann hat das Logo gestaltet, er ist weder Grafiker noch Designer, aber YouTube ist der beste Lehrer und mein Logo für Baraa Innocence, so heißt die Marke, war geschaffen. Wieso einen teuren Experten zuziehen, wenn wir uns auch selbst in neuen Herausforderungen unter Beweis stellen können, war meine Devise. Ich habe währenddessen nach einem Produzenten gesucht, an Designs gearbeitet und einen Prototyp erstellt. Bald waren schon die ersten Bonnets in Produktion und der Verkauf konnte starten. Weiß, Schwarz und Beige, das waren die Farben meiner Rollkragen, mehr gab es zu dieser Zeit nicht.

Ich hatte zu Beginn meines Unternehmens etwa 3.000 Follower. Ich war noch immer in meinem Job tätig, die Absicherung wollte ich beibehalten, zumindest für meinen Sohn. Auch wenn mich die Arbeit psychisch sehr beansprucht hat, war die neuerliche Motivation, die ich für mein eigenes Projekt hatte, doch die beste Medizin. Um die frisch produzierten Rollkrägen zu vermarkten und auf unserer Website zu platzieren, musste so schnell wie möglich ein Shooting stattfinden. Da ich kein Geld, eigentlich überhaupt keine Ressourcen für den Start eines Business hatte, trotzdem so schnell wie möglich mit dem Verkauf anfangen wollte, habe ich mich selbst als Fotografin versucht. Ich höre immer wieder, dass vor allem junge Menschen der Meinung sind, sie könnten ihre eigene Firma nur dann aufbauen, wenn sie zehntausende Euro an Startkapital und den Input und die Hilfe unzähliger Experten und Profis hätten. Das ist Blödsinn! Gerade in Zeiten des Internets, der sozialen Medien und der Vernetzung brauchst du oft nicht mehr als deine Idee, Leidenschaft und eine Handykamera. Ich hatte damals keine Kamera, kein teures Equipment und schon gar kein Geld für einen Fotografen. Mit etwas Kreativität habe ich kurzerhand mein Wohnzimmer in ein Fotostudio verwandelt. Den Vorhang habe ich mit einer Schraube an der Wand befestigt, als eine Art Hintergrund, das iPhone habe ich auf ein selbstgebautes Stativ gestellt und mit Selbstauslöser die Fotos von mir und meinen Bonnets geschossen. Du wirst es nicht glauben, aber diese Fotos kannst du noch heute auf der Website finden, denn ich finde es schön, den progress, die Entwicklung meiner *Brand*, mitzuerleben und mir immer wieder vor Augen zu halten, wie alles begonnen hat und dass tatsächlich alles möglich ist, solang ein Wille da ist.

Wenn du dein Ding machst, kostet es dich keine Energie, sondern du bekommst Energie davon.

Auch wenn ich in den Anfangsphasen von Baraa Innocence noch immer in der Firma arbeitete, die mir ein Burnout bescherte, war plötzlich alles anders. Ich habe es geliebt, für mein Projekt meine Feierabende, meine Wochenenden, eigentlich jede freie Minute aufzugeben. Ich habe es geliebt, lange Abende und kurze Nächte zu haben, wenig zu schlafen und noch gestresster zu sein, denn plötzlich habe ich das getan, was ich wirklich will. Das, was mich glücklich macht, das, was mich und meinen Hijab, meine Stärken und sogar meine Schwächen widerspiegelt und das, worin ich endlich einen Sinn sehe. Ich habe gelernt, was es bedeutet, für etwas zu brennen. Mode und Fashion zählten schon immer zu meinen Leidenschaften. Nicht ohne Grund drehten sich selbst meine allerersten Social-Media-Postings, die damals kaum jemand angesehen hat, um dieses Thema. Außerdem bin ich Muslima, stolze Kopftuchträgerin. Ich habe es geschafft, meine Leidenschaft und meine Stärke, meine Individualität und sowie den Mut, mich eben nicht wie von vielen Glaubensbrüdern und -schwestern erwartet, zu verstecken, so zu kombinieren und miteinander zu verbinden, zu einem Business, zu welchem ich zu einhundert Prozent stehe, einem Business, das mich glücklich macht und für das ich gern hart arbeite.

Du kannst dir vorstellen, wie aufregend es für mich war, als die erste Bestellung eintraf. Diese Bestellung war viel mehr, als das Geld oder die Transaktion, die geschehen war, die erste Bestellung war die Bestätigung, die ich gebraucht habe, um weiterzumachen. Auch wenn nur eine Person überzeugt von meinem Vorhaben war, das reichte mir für den Anfang, denn aus dieser einen Person wollte ich eintausend Personen machen und es endlich allen zeigen. Wenige Monate später war klar, dass mein Business wächst. Mehr und mehr Bestellungen kamen rein, auch in den sozialen Medien schienen sich immer mehr Menschen für Baraa Innocence zu interessieren, und ich war endlich in der Lage, meinen Job zu kündigen.

Zuvor habe ich vierzig Stunden gearbeitet, jetzt arbeite ich 24/7.

Wäre doch logisch, weniger zu arbeiten, nachdem ich meinen Vierzig-Stunden-Job gekündigt hatte, allerdings ist das Gegenteil der Fall. Anstatt täglich von acht bis siebzehn Uhr zu arbeiten, arbeite ich jetzt ständig. Jeden Tag. Morgens bis abends. Und trotzdem habe ich mehr Energie denn je, bin glücklich, zwar oft müde, aber zufrieden und voller Tatendrang. Bis heute habe ich kein Team. Die Belegschaft besteht aus meinem Mann und mir, das Büro war lange Zeit unser Schlafzimmer und unser Logistik-Zentrum unser Wohnzimmer. Wir verschicken alles selbst, machen das Marketing, die Buchhaltung. Wer auch immer ein Neck-Cover-Bonnet oder einen Hijab bestellt hat, konnte sich sicher sein, dass es direkt aus meinem Wohnzimmer kam.

Die Motivation und der Ehrgeiz machten sich bezahlt, denn als es anfing zu laufen, habe ich mich getraut, noch mehr Produkte anzubieten. Mittlerweile habe ich mehrere Kollektionen gelauncht, ich verkaufe Hijabs in allen erdenklichen Farben und helfe so auch noch Frauen, die sich wie ich nicht mehr zurückhalten wollen, hinter denen mehr steckt, als eine alte Tradition, und die ihr Leben, wie ich, mit Freude, Farben und Spaß leben möchten und sich nicht hinter einem Mann, ihrem Hijab oder ihren Unsicherheiten verstecken wollen. Ich habe eine Marke geschaffen, die es Frauen ermöglicht, sich zwar bedeckt aber dennoch stylisch und modern zu kleiden. Glücklicher könnte ich nicht sein. Mittlerweile haben wir sogar ein Büro, um den Versand und andere Abwicklungen zu vereinfachen, um noch kreativer arbeiten zu können und meinem Sohn im Wohnzimmer nicht den Platz zum Spielen zu rauben.

ERFOLG KOMMT OFT UNERWARTET

Den Erfolg zu erzwingen, das funktioniert nur in den seltensten Fällen. Zu wissen, was du kannst, worin du gut bist, was dir Spaß macht und was andere vielleicht besonders interessant an dir finden, ist der erste Schritt, um aus deiner Stärke eine Schatztruhe zu machen. Und dafür lohnt es sich auch, manchmal auf andere Menschen zu hören, ihre Ratschläge, aber auch ihre Kritik aufmerksam zu studieren. Wie in meinem Fall, denn meine Hater sind nicht nur zu meinen Fans geworden, sondern sie haben mir außerdem dabei geholfen, meinen Erfolg zu erweitern. Einer von ihnen hat mich auf eine Idee gebracht, ohne, dass er das eigentlich wollte.

»Oh Gott, schau sie dir an, sie hypnotisiert ja fast ihr Essen mit diesen Froschaugen.«

Obwohl meine Firma mittlerweile ziemlich gut lief, wollte ich weiterhin auch anderen Content für die sozialen Medien produzieren. Ich wollte nicht ständig nur Eigenwerbung betreiben und Baraa Innocence vermarkten, sondern weiterhin Spaß an den kurzen Videos haben, die ich bereits zuvor aus Langeweile gefilmt habe. Von Motivationseinheiten, Make-up-Tutorials und Hijab-Content bis hin zu Videos, in denen ich meine Wohnung putze, war wirklich alles dabei. Die klare Linie, die ich bereits für mein Business etabliert habe, fehlte mir noch in meiner Online-Präsenz. Nach und nach fanden auch immer mehr Kochvideos ihren Platz auf meinem TikTok- und Instagram-Account. Ich erinnere mich noch an mein erstes Kochvideo. Sehr simpel, ich kochte, konzentrierte mich dabei nur auf das Essen und sagte nichts. Wie so oft auf TikTok ging dieses Video völlig unerwartet durch die Decke, und ich wusste sofort, dass ich meinen Content endlich gefunden hatte, wieder einmal mit einer Sache, die mir unglaublichen Spaß macht, die ich gern auch privat in meiner Freizeit mache und die mich erfüllt. Als mich nach den ersten Videos dann ein Zuseher darauf aufmerksam machte, dass ich mein Essen förmlich hypnotisiere und ein anderer auf meine gruseligen Augen verwies, die das Essen förmlich anstarren, als wäre ich eine Serienmörderin, bin ich hellhörig geworden. Ich habe mein Essen eigentlich nie willentlich »hypnotisiert«, als ich mir aber meine Videos nach Erhalt unzähliger Nachrichten zu meinem Blick erneut ansah, habe ich die Assoziation verstanden, sie hat mir sogar gefallen, und so habe ich das Hypnotisieren des Essens als meine Marketing-Strategie angenommen, es ist mein Alleinstellungsmerkmal, mein USP, mein unique selling point, den sonst kein Influencer da draußen hat, denn im Essen-Hypnotisieren habe ich bis heute keine Konkurrenz gefunden.

Die Froschaugen haben sich wohl bezahlt gemacht. Als ich bemerkt habe, dass dieser Blick gut ankommt, musste ich an die Kinder denken, die mich damals in der Grundschule wegen meiner großen Augen ausgelacht haben, die mein Selbstbewusstsein zerstört haben und die mich an mir zweifeln ließen. Allmählich fing ich an, zu realisieren, dass all die Dinge, für die ich jemals ausgelacht und gemobbt wurde, meine größten Erfolge mitzeichneten. Mein Hijab, meine großen Froschaugen, sogar meine Nase, die früher eine Angriffsfläche war, finden mittlerweile viele Menschen so schön, dass sie denken, sie sei operiert. Anstatt immer nur das Negative in den Kommentaren, in den Worten der anderen, in uns selbst und unseren vermeintlichen Schwächen zu sehen, müssen wir das Positive finden, das, was uns interessant, anders und besonders macht. Wir müssen endlich umdenken und uns unserer Stärken bewusst werden, diese nutzen und manchmal sogar auf die Hater hören, denn sie können uns auf grandiose Ideen bringen. Anstatt uns von ihnen unterkriegen zu lassen, können wir sie als eine Art Analyse-Tool nutzen, denn wenn sie besonders oft über eine bestimmte Eigenschaft von dir sprechen, dann muss diese Eigenschaft interessant sein, sonst wäre es ihnen egal. Dass meine glupschigen Froschaugen irgendwann einmal Millionen von Menschen hypnotisieren werden, hätte ich mir niemals erträumen können, trotzdem, aus einem meiner vermeintlichen Mankos ist heute eines meiner größten Verkaufsargumente geworden, weil ich endlich verstanden habe, wer ich bin, und vergessen habe, wer ich sein soll.

SEI KEIN KLON

Was macht dich glücklich? Wobei fühlst du dich besonders wohl? Versuche, immer und immer wieder über diese Fragen nachzudenken. Vielleicht bist du schon in deinem Traumjob, vielleicht hast du schon das erreicht, was du erreichen wolltest, in meinen Augen geht allerdings immer mehr. Vor allem, wenn es um deine Stärken, deinen Hijab, deine Besonderheit, geht. Hast du schon einmal darüber nachgedacht, deine neu identifizierte Stärke zu nutzen? Bis jetzt hast du dich vielleicht dafür geschämt, wurdest gemobbt, warst unsicher. Mittlerweile weißt du hoffentlich, dass dein Hijab ein Segen und kein Fluch ist und dass du ihn sogar als eine Art Schatztruhe sehen kannst, aus welcher du Unglaubliches schöpfen kannst.

Dein Kopftuch wird zu deiner Schatztruhe.

Du erinnerst dich doch sicher noch an unsere Wegbegleiter, Leeroy, Hana, Abbie und Josh oder Fabian. Nach Hate, Widerstand, Mobbing und Kritik haben auch sie realisiert, dass das, was die anderen Leute so sehr aufzuregen scheint, eigentlich das ist, was sie besonders macht, was sie stark und individuell macht. Auch sie haben erkannt, dass ihr Hijab, der große Mund, das freakige Hobby, der Körpergrößen-Unterschied, das auffällige Gesichtsmerkmal oder die körperliche Einschränkung eine Schatztruhe sein können, die viele neue und unerwartete Möglichkeiten birgt. So haben sie alle aus ihrer »Schwäche« eine Stärke, sogar ein Geschäftsmodell, und einen großen Erfolg gemacht. Wider allen Erwartungen. Versuche auch du, dich endlich auf die Idee einzulassen, dass deine Individualität dein größtes Verkaufsargument ist, dass dein Hijab deine Schatztruhe ist und dass nur du allein die Kraft hast, diese Schatztruhe ausfindig zu machen, auszugraben und dich nach viel harter Arbeit daran zu bereichern.

Du lernst dank deines Hijabs, wer du bist.
Du verlernst dank ihm, wer du sein solltest.

Durch meine Erfahrung in den sozialen Medien habe ich vor allem eines gelernt: Je authentischer du bist, desto interessanter wirst du für die Zuseher. Und das lässt sich auf alle Lebensbereiche, alle Berufe, alle Tätigkeiten und alle Beziehungen übertragen. Authentizität ist ein heiliges Gut, welches heutzutage leider immer seltener anzutreffen ist. Viele Menschen versuchen, etwas zu sein, das sie nicht sind. Sie versuchen, uns Perfektion vorzugaukeln, die nicht existiert, die im Grunde nichts mit Perfektion zu tun hat, sondern lediglich darauf abzielt, uns zu verunsichern und uns alle zu den gleichen Klonen mit den perfekten Haaren, großen Lippen und einem unrealistischen und ungesunden Körper machen wollen und sich gegenseitig bestätigen, während sie andere ihres Selbstbewusstseins berauben. Wir vergleichen uns, sehen Maße und Parameter, denen wir uns beugen, und vergessen dabei völlig, wer wir eigentlich sind, wofür wir stehen und was uns ausmacht. Dabei wollen die Menschen, deine Freunde, deine Follower, selbst deine Gegner keinen Klon, kein Abbild eines anderen, sondern dich, deine Macken, deine vermeintlichen Schwächen und deine Echtheit sehen. Wenn du einen Sprachfehler, einen Akzent oder eine ungewöhnliche Stimme hast, dann verstelle sie nicht. Vor allem die jüngere Generation feiert Diversity, Menschen, die früher als Außenseiter, als Freaks, als Scheiß-Ausländer, als hässlich, als komisch oder schlicht als anders betitelt wurden, starten heute so richtig durch, sind erfolgreich und sind vor allem eines: stolz. Stolz auf ihre Individualität und auf ihre Stärke, von der sie so lang dachten, sie sei eine Schwäche.

Wenn du deinen Hijab vor dir und anderen versteckst, dann schwächt dich das auf Dauer und wahrscheinlich wird dir auch furchtbar langweilig in deinem Leben.

Momente, in denen du dich schwach fühlst, in denen du deinen Hijab ablegen möchtest, in denen du nicht an dich selbst glaubst, sind normal. Wichtig ist, dass du immer wieder zurück zu dir, deinen Werten und deinen Stärken findest. Ich war auch schon unzählige Male davor, den Hijab abzulegen. Nachdem ich rassistisch auf der Straße angegriffen wurde, im Hochsommer, wenn es schlichtweg richtig heiß ist, wenn Menschen mir den Eindruck verschafften, dass mir der Hijab mehr Probleme bereitet, als dass er mich glücklich macht. Doch immer, wenn ich kurz davor war, ihn abzulegen, ihm den Rücken zu kehren, oder ich mich zu sehr auf die Meinung anderer einließ, habe ich mich an all die Momente erinnert, in denen ich für meine Freiheit, den Hijab zu tragen, gekämpft habe, in denen ich anderen jungen Frauen Mut schenken konnte und in denen ich mir bewusst war, warum ich den Hijab trage, dass er Teil meiner Identität ist, Teil meines Charakters, ein Teil von Baraa, den ich nicht so einfach wegschmeißen werde, nur weil es einmal etwas wärmer ist oder weil Bots mich dazu auffordern.

Ich habe realisiert, dass ich gar nicht mehr ich bin, wenn ich ihn ablege, dass mein Leben eintönig wäre, wenn ich versuchen würde, so zu sein, wie all die anderen, so, wie die Gesellschaft, meine Eltern, meine Follower oder die Menschen auf der Straße es von mir erwarten. Ich wäre nicht glücklich. Ich wäre kaum erfolgreich und wenn doch, dann nicht authentisch, und inauthentischer Erfolg ist meiner Meinung nach kurzlebig, vor allem aber, ist er nicht erfüllend. Ich bin überzeugt davon, dass wir im Leben ständig vor Prüfungen gestellt werden, dass unser gesamtes Dasein eine Prüfung ist, in der wir Stärke, Mut und guten Willen beweisen müssen. Je schwächer und je weniger selbstbewusst wir sind, desto schwieriger wird es, diese Prüfungen zu bestehen. Desto attraktiver scheint es, den einfachen Ausweg zu nehmen, den Hijab abzulegen, und das zu tun, was die anderen tun. So zu leben, wie die anderen leben, und vor allem so auszusehen, wie die anderen aussehen, um ja keine Aufmerksamkeit zu erregen und keinen Raum für Hass, Neid und Kritik zu bieten.

Heute weiß ich, dass ich dem Ablegen nur nahe war, weil ich kein Selbstvertrauen hatte. Ich habe nicht daran geglaubt, dass ich toll bin, so wie ich bin, so wie ich leben möchte, und so wie ich denke. Ich habe mich wie eine Außenseiterin gefühlt, die keinen Anschluss findet, die nie dazugehört, die oft für Aufruhr sorgt, noch nicht einmal mit dem, was sie sagte, sondern lediglich mit ihrem Aussehen, mit diesem Stück Stoff, das sie auf ihrem Kopf trägt. Dabei definieren uns niemals rein unser Aussehen, unsere Figur, unsere Kleidung, auch nicht unsere Religion, unsere Haarfarbe oder unsere Hobbys. Was uns definiert, ist ein großes Ganzes, welches sich aus all unseren Facetten zusammensetzt und welches nur gedeihen kann, wenn wir diese Facetten ausleben, sie zeigen und stolz auf sie sind. Wenn wir auch über unsere Facetten lachen können, unsere Facetten teilen und nicht versuchen, so facettenlos wie möglich zu werden, nur um dem Mainstream zu folgen und dazuzugehören. Die schwache, sich selbst bemitleidende und unsichere Baraa hätte heute wohl schon längst den Hijab abgelegt. Sie hätte auch schon längst aufgehört, ihr Essen zu hypnotisieren, sie hätte versucht, ihre Glupschaugen zu verstecken, vielleicht auch ihre Nase zu operieren, und sie hätte sich zu einhundert Prozent selbst verloren. Sie wäre nur noch ein Klon, ein Schatten ihrer selbst und sicherlich sehr unglücklich. Vielleicht hätte sie nicht so viel Hass auf der Straße oder im Internet erfahren, aber sie würde sich selbst hassen, denn von dem Menschen, der sie tatsächlich ist, wäre kaum noch etwas übriggeblieben.

Mittlerweile kann mich niemand mehr dazu bringen, meinen Hijab oder meine Persönlichkeit abzulegen. Nicht einmal die verbitterte Frau aus dem Bus, die ihn mir Gewalt vom Haupt reißen wollte, hat es geschafft. Auch all die Hater, die Bots, die mich verurteilten, auslachten, und kritisierten. Kein Mensch, auch keine Hitze und kein Kommentar wird mich jemals wieder davon abbringen, ich selbst zu sein. Und du solltest das auch nicht mehr zulassen.

8

BESIEGE DEINE ANGST

Egal, wer dich davon abhalten will, deinen Hijab zu finden, ihn auszuleben, zu tragen oder zu zeigen, egal, wer sich gegen dich stellt, egal, wer dich kritisiert, und egal, wer Widerstand leistet, dein größter Gegner bist immer noch du selbst. Denn nicht die Menschen da draußen sind dafür verantwortlich, dass du dich gegen dein Kopftuch entschiedest, sondern du und deine Ängste.

Wovor hast du Angst? Ist es die Angst, nicht gemocht zu werden? Die Angst, ausgegrenzt zu werden, allein zu sein oder nicht dazuzugehören? Ich habe bereits mit all diesen Ängsten zu kämpfen gehabt, egal, in welcher Lebenslage. Ob als Mädchen in der Schule, als junge Frau, als Mutter, als Hijabi, obwohl ich doch immer nur versucht habe, ich selbst zu sein. Doch egal, was ich tat, ob ich ein buntes Kopftuch anlegte, ob ich ein Foto in den sozialen Medien postete, mich als Model versuchte oder einfach nur in den Bus stieg, die Angst war mein ständiger Begleiter. Eine Zeit lang wusste ich gar nicht mehr, was ein Leben ohne Angst ist. Ein Leben ohne Angst vor Reaktionen, Meinungen, Kommentaren, Angriffen oder Urteilen. Dabei bin ich doch gar kein ängstlicher Mensch. Ich würde mich als starke Persönlichkeit beschreiben. Sehe ich auf der

Straße eine Ungerechtigkeit, eine Unterdrückung oder eine Form der Gewalt gegenüber einer schwächeren Person, gehe ich dazwischen. Ich habe keine Angst davor, verletzt zu werden oder mit Menschen in Konflikt zu treten. Ich habe auch keine Angst davor, mich zu verteidigen oder zurückzureden, egal, wer mich angreift. Ich habe auch keine Angst davor, allein zu sein, denn im Grunde bin ich gern allein, die einzige Angst, die mich früher begleitete, war die Angst, ich selbst zu sein.

Die Angst davor, zu viel zu sein,
und die Angst davor, nicht auszureichen,
gehören zu der gleichen Art von Angst.
Nämlich der Angst davor, du selbst zu sein.

Es ist nicht so einfach, sich einzugestehen, welche Ängste tatsächlich die treibende Kraft der Unsicherheiten und Komplexe sind, mit denen wir täglich zu kämpfen haben. Wüsste ich heute nicht, dass mein Hijab meine Stärke ist, dass meine Glupschaugen mein USP sind, dann hätte ich auch heute noch die Angst, ich selbst zu sein. Erst seitdem ich mir meiner Individualität und meinen Stärken bewusst bin, bin ich frei von Angst. Ich weiß nämlich, dass ich genauso wie ich bin und wie ich tatsächlich sein will, gut bin. Ich akzeptiere, dass manche Menschen mich nicht verstehen wollen oder dass sie unwissend sind und sich wohl auch selbst noch nicht gefunden haben, viel wichtiger ist allerdings, dass ich mich heute selbst akzeptiere und dass ich keine Angst mehr vor meinem wahren Ich habe. Um diese Angst zu überwinden, müssen wir uns Herausforderungen stellen, erst so werden wir irgendwann realisieren, dass nicht unser Ich, sondern die Unsicherheiten der andern die Auslöser für Hass, Mobbing und Unverständnis sind. Haben wir das allerdings einmal geschafft, sind wir stärker denn je und kaum jemand kann uns mehr den Wind aus den Segeln nehmen.

DIE AUFZUG-THEORIE

Wenn wir Menschen Angst haben, dann fühlen wir uns an einem Ort besonders wohl: in unserer Komfortzone. Diese Komfortzone besteht meistens aus Orten, Menschen, Gewohnheiten, vor allem aber auch aus Verhaltensmustern, die uns bekannt sind, die angenehm und aushaltbar sind und bei denen geringe bis gar keine Chance auf das Entstehen jeglicher negativer Gefühle oder Emotionen besteht. Gerade, wenn wir traumatische Erlebnisse verarbeiten, unangenehme Erfahrungen machen oder einfach zu viel vom Leben haben, ist diese Komfortzone ein angenehmer Ort, ein Ort, den wir nutzen und schätzen sollten. Allerdings ist die Komfortzone kein Ort der Ewigkeit, wir dürfen die Komfortzone nicht als unser Wohnzimmer betrachten, in welchem wir Tag ein, Tag aus chillen und unser Leben verbringen, sondern wir sollten die Komfortzone, wie ich finde, als eine Art Aufzug sehen. Wir dürfen einsteigen, wenn wir unten sind, wenn wir am Boden sind und nach oben müssen. Wir dürfen auch einsteigen, wenn wir ganz oben sind, kurz eine Pause brauchen oder uns erden wollen. Wichtig ist dabei nur, dass wir rechtzeitig wieder aussteigen und nicht im Lift, unserer Komfortzone, stecken bleiben.

Die Komfortzone ist ein gefährlicher Ort, denn sie verführt uns zur Bequemlichkeit. Wer zu lang darin verweilt, läuft Gefahr, seinen Hijab abzulegen, weil es einfacher ist, und vielleicht ziehen wir ihn danach nie wieder an, denn die erneute Konfrontation mit all den Ängsten, vor allem aber mit der Angst vor dem wahren Selbst, sind nicht mehr tragbar. Es scheint so einfach, so zu sein wie die anderen, nicht aufzufallen, nicht anzuecken oder herauszustechen, aber bist du der Meinung, tatsächlich nachhaltig glücklich sein zu können, wenn du mehr Klon als Individuum bist? Glaubst du, die großen Denker, Revoluzzer und Innovatoren unserer Geschichte hätten jemals etwas erreicht, wenn sie sich der Meinung anderer gebeugt hätten, ewig in ihrer Komfortzone verweilt wären und ihr wahres Selbst unterdrückt hätten? Nein. Aber sie mussten kämpfen, sie mussten sich unangenehmen Situationen stellen, und sie mussten die Angst davor, sie selbst zu sein, endgültig ablegen.

Ich bin selbst ein paarmal im Aufzug stecken geblieben. Als ich in einem Job verweilt bin, weil es bequem war, der einfache Weg und die komfortable Option, auch wenn meine Psyche sehr darunter litt. Auch, als ich vor meinen Eltern meinen Hijab versteckt habe. Klar, ich war ein Teenager, wir alle hatten unsere kleinen Geheimnisse vor unseren Eltern, trotzdem war es der Komfort, die Konfrontation zu meiden. Nichtsdestotrotz bin ich immer wieder auch ausgestiegen und habe mich der Angst gestellt, mich nicht weiterhin im Aufzug versteckt. Und in den Momenten, als ich ausstieg, habe ich das meiste gelernt. Über mich selbst und meinen Hijab. Denn immer in den Momenten, als ich die bequeme Komfortzone verlassen und mein wahres Ich gezeigt habe, meine Passionen verfolgt und einen mutigen Schritt gewagt habe, konnte ich die wichtigsten Lehren daraus ziehen. Erst, als ich die Entscheidungen traf, die anfangs unangenehm und beängstigend wirkten, konnte ich lernen, wer ich wirklich bin.

DER SIEGESZUG

Keine Welt ist zu einhundert Prozent heile. Egal, was euch die Menschen auf Instagram, TikTok und YouTube vermitteln, egal, wie perfekt das Leben der Reichen und Schönen, der Hollywood-Ikonen, der Influencerinnen und all der anderen gnadenlosen Selbstdarsteller scheint, in Wahrheit hat jeder Mensch dieser Erde mit Sorgen, Ängsten und Krisen zu kämpfen, auch wenn diese Seite nur von sehr wenigen authentisch gezeigt wird.

Bevor ich selbst Content in den sozialen Medien kreiert und veröffentlicht habe, war ich oft, wie viele von euch wahrscheinlich auch, als Beobachterin in der weiten Welt des Netzes unterwegs. Täglich, im Stundentakt, habe ich mir angesehen, was in meinem Feed passiert, was die beliebtesten Stars und die erfolgreichsten Influencer so treiben, welche Eindrücke sie von ihrem Leben vermitteln. Was ich dabei besonders rasch realisiert habe, ist, dass dieses Beobachten und das Sammeln von Eindrücken, gerade in den sozialen Medien, ziemlich gefährlich sein kann. Ich habe mich ständig gefragt, wie diese Menschen eine perfekte Realität erschaffen haben, wieso sie so schön sind, so witzig, so glücklich, und wieso sie ständig auf Reisen sind, während ich hier in meiner kleinen Wohnung in Wien sitze und froh bin, wenn ich es schaffe, einmal im Jahr einen Urlaub mit meiner Familie zu planen. Immer wieder kreisten die »Warum bin ich nicht so«-Fragen in meinem Kopf herum. Ich scrollte und merkte, es tat mir nicht gut. So habe ich mich auch entschlossen, keine Zeit mehr damit zu verschwenden, anderen nachzueifern und perfekte Scheinwelten mit der Realität zu verwechseln. Ich habe vor allem den Accounts entfolgt, die meine Selbstzweifel besonders hoch leben ließen, und ich kann heute behaupten, dass das eine der besten Formen der Selbsttherapie ist.

Gerade auf Instagram werden uns tagtäglich völlig falsche Realitäten und widersprüchliche Vorbilder vor Augen gehalten. Während die einen ihre Auslandsaufenthalte und Reisen fälschen, sich in Wahrheit in ihrem Wohnzimmer befinden, während sie Fotos vor dem Eiffelturm, in Bali oder in LA posten, vermitteln die anderen ein völlig falsches Schönheitsideal an vor allem junge, unsichere und leicht formbare Frauen. Die Influencer, die viele ihrer Fotos allein auf den Körper reduzieren, einen Körper, der von plastischen Eingriffen gezeichnet ist und an welchem selbst die falschen Haare, Nägel, Lippen und Wimpern täuschend echt aussehen, sprechen im gleichen Atemzug von Selbstliebe, Akzeptanz und Wertschätzung des Körpers, so wie er ist. Ich habe absolut kein Problem damit, wenn sich jemand selbst optimieren möchte, jeder sollte das tun, was er will, und niemand sollte es verurteilen, allerdings nehmen diese Doppelmoral in den sozialen Medien und die Zahl der vor allem sehr jungen Zuseherinnen in meinen Augen ein gefährliches Ausmaß an.

Auch meine Welt ist nicht perfekt, zu einhundert Prozent heil und so sonnig, lustig und fröhlich, wie sie vielleicht im Netz den Anschein macht. Früher hatte ich Angst, ich selbst zu sein, denn ich habe mich verglichen, habe geglaubt, ich sei weniger wert, als all die schönen, perfekten Mädels da draußen, die die perfekte Figur, das perfekte Haus und die perfekten Freunde haben. Als ich langsam aufgehört habe, diese teils unerfüllbaren Werte und Vorbilder als Standards zu betrachten, als ich mich auf mich selbst, meinen Hijab, meine Stärken und mein wahres Ich konzentriert habe und nach und nach aufgehört habe, gewisse Profile zu verfolgen, erst dann habe ich gelernt, was es bedeutet, ich selbst zu sein, und was es vor allem bedeutet, wirklich glücklich und zufrieden zu sein.

Dein Siegeszug beginnt in dem Moment,
in dem du die Angst davor, du selbst zu sein,
ablegst, und dafür deinen Hijab anlegst.

Die Ideale in deinem Umfeld sollten dir kein Vorbild sein. Follower, Geld, Schönheit oder Ansehen sind nebensächlich, denn sie haben leider oft nichts mit Authentizität zu tun. Folge nicht denen, die dich unsicher fühlen lassen und denen du nacheiferst, sondern folge deiner eigenen Persönlichkeit, deinen Leidenschaften, deinem Drive und deinem Hijab.

Bemiss dein Glück nicht an Followern oder an Geld,
sondern daran, ob du auch wirklich du bist. Alles
andere stellt sich dann von selbst ein, genau so, wie
es zu dir passt und wie es gut für dich ist.

Ich weiß, dass ich nicht perfekt bin. Ich weiß, dass auch meine Welt keine hundert Prozent heile ist, trotzdem ist es zu hundert Prozent das Leben, das ich führen möchte, denn ich habe endlich keine Angst mehr davor, ich selbst zu sein. Auch wenn ich anecke, auch heute noch Hass und Mobbing erfahre, so kann ich zumindest behaupten, dass ich authentisch bin, dass ich das, was ich mache, mit Überzeugung tue und mich für nichts schämen muss. Dass ich nicht allen dabei gefallen kann, das ist völlig in Ordnung, denn wenn ich versuchen wollte, die breiteste Masse zu überzeugen, so generisch wie möglich zu sein, dann wäre ich nicht ich und dann wäre ich nichts weiter als ein zusätzlicher Klon in der Social-Media-Blase. Und vergiss nicht, es ist in Ordnung, manchmal in den Lift einzusteigen, denn es ist bequem und kann uns entlasten, achte aber unbedingt darauf, wieder auszusteigen und nicht stecken zu bleiben.

9

RESÜMEE

Die Reise vom Vergessen, wer du sein sollst, hin zum Lernen, wer du bist, ist kein Kurz-Trip. Es ist auch kein Luxus-Urlaub, denn auf deinem Weg wirst du vor viele Herausforderungen gestellt, die nicht immer aus spannenden Abenteuern, sondern auch aus kräftezehrenden Konfrontationen und Lehren bestehen. Trotzdem solltest auch du dich unbedingt so schnell wie möglich auf diese Reise begeben und herausfinden, was dein Hijab ist, wie du ihn einsetzen kannst und wie du lernst, auf deinem Weg auch mit Hass und Negativität umzugehen, denn auf den Mut zur Individualität folgt oft das Unverständnis deiner Andersartigkeit.

Ich sage es immer wieder auf meinen Kanälen, zu den Menschen, denen ich im echten Leben begegne: Es muss dir egal sein, was die anderen Menschen von dir denken. Ob du tatsächlich ein Kopftuch trägst, ob du grüne Haare hast, ein Tattoo im Gesicht, einen ausgefallenen Kleidungsstil oder eine große Nase, lass dich in deinen Entscheidungen nicht von anderen Menschen beeinflussen. Ich hatte immer Angst davor, aufgrund meines Kopftuches anders wahrgenommen zu werden. Die, die sich bedeckt, nicht am Leben teilnimmt und in den Augen vieler anderer nicht stark ist, da ich ja vermutlich auch noch dazu gezwungen werde. Dabei sind das alles nur falsche Annahmen, Vorurteile und die immer wiederkehrende Angst vor dem Unbekannten, die nichts mit dir oder mir, sondern nur mit der Wahrnehmung der anderen zu tun hat. Im Grunde ist mein Hijab nur ein Tuch. Es macht mich zu keinem besseren oder schlechteren Menschen, es ist aber trotzdem ein Teil von mir. Nicht jeder Hijab ist ablegbar. Leeroy kann sich nicht entschließen, von einem Tag auf den anderen aus dem Rollstuhl aufzustehen. Auch Josh kann nichts an seiner Körpergröße ändern und auch die zu große Nase oder der auffällige Kiefer von Hana lassen sich nur schwer optimieren. Trotzdem eint uns alle, dass wir gelernt haben, zu diesen abnehmbaren oder auch unveränderbaren Eigenheiten und Besonderheiten zu stehen, sie sogar zu unserer Karriere, unserem Lebensinhalt oder unserer Schatztruhe, unserer Quelle des Glücks, gemacht haben. Wir hätten unseren Hijab längst ablegen oder uns weiterhin im Schatten verstecken können, unsere Rolle als Outcasts, Misfits, Opfer und Außenseiter verdrängen können, und wären so wohl nie wirklich glücklich geworden.

Egal, wie sehr du für deinen Mut belächelt, für deine Individualität ausgelacht und für deine Stärke verurteilt wirst, du bist der wichtigste Richter deines Lebens, und nur du weißt, was dich tatsächlich glücklich macht. Weder deine Eltern noch deine Lehrer, deine Kollegen, deine Freunde, schon gar nicht die Internet-Rambos oder Bots wissen, wer du bist, was du in deinem Leben bereits durchgemacht hast oder wohin deine Reise gehen wird. Lass dir also auch nicht von ihnen vorschreiben, wie du diese Reise zu bestreiten hast. Wir alle machen Fehler, du bist davon nicht ausgenommen, genauso wenig wie ich. Auch auf deiner Suche nach deinem Hijab wirst du mit Niederlagen kämpfen, du musst dir Fehler eingestehen und mit Rückschlägen umgehen lernen. Sei dabei dein eigener Kritiker, reflektiere dein Verhalten, und versuche, daraus zu lernen. Sei keinesfalls zu streng mit dir, niemand ist perfekt, sei dir aber auch bewusst, dass du mit deinem Verhalten andere Menschen beeinflusst, oft, ohne es zu merken. Vielleicht bist du ja bereits ein Vorbild für deine kleine Schwester, einen Freund oder jemand Fremdes, der dir in den sozialen Medien folgt. Halte dir immer vor Augen, dass auch du diese Funktion des Vorbilds ernst nehmen musst und immer danach streben solltest, dein eigenes Glück zu finden, ohne dabei jemand anderes zu Schaden kommen zu lassen. Du weißt, du musst ein Botschafter für deinen Hijab werden. Ein Botschafter für deine Herkunft, deine Sexualität, deine Leidenschaft, dein Aussehen und deine Vorlieben, nur so kannst du Stigmata in der Gesellschaft brechen, Hass in Verständnis umwandeln und unwissenden Menschen, so wie dir selbst, die Angst nehmen.

Die meisten Menschen, denen ich in meinem Leben begegnet bin, die unglücklich, frustriert und nicht zu einhundert Prozent sie selbst sind, die ihren Hijab noch nicht gefunden haben oder noch nicht ausleben, haben Angst. Angst vor Veränderung. Angst vor sich selbst. Eine Veränderung kann womöglich bedeuten, das gesamte Leben auf den Kopf zu stellen, die Komfortzone, den Aufzug, zu verlassen und so schnell auch nicht wieder einzusteigen. Diese Hürde ist für viele Menschen zu groß, zu mächtig, und so entscheiden sie sich dafür, in ihrem Trott stecken zu bleiben, ihr wahres Ich zu verbergen und mit dem weiterzumachen, was sie schon seit Wochen, Monaten oder sogar Jahren unerfüllt lässt. Wir können jammern, weinen und vom Leben genervt sein so viel wir wollen, um im Leben voranzukommen, müssen wir den Sprung ins Ungewisse wagen, auch wenn wir dabei mal danebenliegen. Ich lag auch daneben. Mein Traum davon, als Model durchzustarten, erfüllte mich nicht. Nicht nur das, ich musste dafür eine Welle von Hass und Kritik einstecken, die nur schwer zu verkraften war. Trotzdem habe ich auch durch diese Erfahrung vor allem eine Erkenntnis erhalten: Ich wusste, was ich nicht will. Und auch das gehört zur Reise dazu. Willst du deine Stärken erkennen, deinen Hijab finden und dich selbst verstehen lernen, musst du auch Erfahrungen machen, die schiefgehen. Ich habe als Mädchen immer davon geträumt, Model zu sein. Nachdem ich es ausprobiert habe, wusste ich, es ist doch nichts für mich. Wie in aller Welt hätte ich diese Erkenntnis sonst jemals sammeln können?

Ich möchte, dass du die Was-Wenn-Gedanken aus deinem Bewusstsein streichst.

Was, wenn es nicht klappt? Was, wenn die anderen schlecht über mich sprechen? Was, wenn ich scheitere? Was, wenn mich alle mit anderen Augen sehen? All diese Fragen sind die Gründe, die uns davon abhalten, im Leben zu wachsen, neue Erfahrungen zu sammeln und unseren Hijab zu finden. Sie hindern uns daran, etwas Neues auszuprobieren, einen Schritt zu wagen, der unser Leben nachhaltig ins Positive verändern könnte. Die Was-Wenn-Fragen sind wie Gift, welches durch unsere Nervenbahnen fließt und innere Blockaden auslöst. Hätte ich zum Beispiel auf meine Was-Wenn-Fragen gehört, mich von ihnen leiten lassen, dann wäre Baraa Innocence nie entstanden, auch meine hypnotischen Essensvideos würden nicht existieren und ich wäre mit ziemlich hoher Wahrscheinlichkeit noch immer bei meiner alten Firma angestellt und hätte vermutlich bereits mein zweites Burnout und eine Depression. Als ich Instagram installierte und damit angefangen habe, Content zu produzieren, wurde ich von meinem Umfeld belächelt, selbst, als ich diese Inhalte nur aus privatem Interesse und als Zeitvertreib veröffentlicht habe. Glücklicherweise hat mich das nicht verunsichert, ich habe verstanden, dass die Was-Wenn-Gedanken sinnlos sind, und wollte es ihnen erst recht zeigen. Jeder Mensch, der nicht an mich glaubt, kurbelt meine Motivation noch mehr an und wandelt diese Was-Wenn-Gedanken in Jetzt-erst-recht-Gedanken um.

Solang du weißt, was du willst, einen Plan hast und deine Idee, dein Vorhaben oder deine Vision keine Kurzschluss-Entscheidung ist, kannst du dir die Was-Wenn-Gedanken zu einhundert Prozent sparen. Solang deine Motivation und dein Antrieb echt sind und aus einer Emotion heraus entstehen, kommt der Ehrgeiz von ganz allein. Und diesen darfst du dir niemals nehmen lassen.

Die lautesten Bots haben die größten Minderwertigkeitskomplexe

Menschen tratschen gern. Ich habe das Gefühl, das liegt auf eine Art und Weise sogar in unserer Natur. Menschen unterhalten sich gern über andere Menschen, ob im positiven oder im negativen Kontext, sie leben fast dafür, ständig neue Nachrichten, Informationen und Beobachtungen auszutauschen und zu empfangen. Sprechen sie über dich, dann bist du interessant, weil du etwas wagst, weil du anders bist, weil du ein Individuum und keiner der vielen Klone bist. Trotzdem geht dieses Gerede oft zu weit und ich kann es bis heute nicht verstehen. Ich verstehe nicht, wieso Menschen schlecht über andere Menschen sprechen, wieso sie urteilen, schimpfen und oft sogar schwächere Personen angreifen. Ich verstehe nicht, wieso mir das Kopftuch vom Haupt gerissen wurde, wieso ich als schlechte Mutter, als Schande für meine Religion oder als Scheiß-Ausländerin betitelt werde. Ich verstehe nicht, wieso ich bereits in der Grundschule ausgegrenzt wurde, warum ich auch heute noch komisch angeschaut werde und warum Menschen sich das Recht herausnehmen, mein Leben, meine Religion, meinen Hijab, meine Erziehung oder meine Entscheidungen zu bewerten. Ich habe versucht, dir zu erklären, wie du mit diesen Bots umgehen kannst, wie du Widerstand gegen Widerstand leistest und warum jegliche Hate-Kommentare kein Gewicht haben, trotzdem können Worte verletzen. Die plausibelste Erklärung für destruktiven Hass, Mobbing und Beleidigungen ist meiner Meinung nach der Minderwertigkeitskomplex der Verfasser oder Verbreiter dieser Worte. Die Bots haten, damit sie sich selbst besser fühlen, mehr steckt in den meisten Fällen nicht dahinter. Ich habe viel geweint, viel getrauert und mich seit meiner Kindheit oft sehr allein gefühlt. Trotzdem weiß ich heute, dass diese Kommentare nichts mit mir, sondern viel mehr mit der Verbitterung des Haters zu tun haben, im Grunde tun sie mir leid, denn wer voller Hass steckt, andere grundlos hasst und Hass verbreitet, der hasst sich tatsächlich nur selbst.

DIE REISE BEGINNT

Bevor ich dich auf deine eigene Reise entlasse, sollten wir noch einmal die Packliste, eine Art Check-Liste durchgehen, die dir auf deinem Weg Abhilfe verschaffen kann, dich daran erinnert, was du suchst und wie du es findest. Was brauchst du auf deiner Reise? Was gilt es, zu beachten? Wie schaffst du es, auf dem Weg deinen Hijab zu finden?

Hijab-Quick-Check:

1. Was sind deine Stärken?

Nenne mindestens drei Eigenschaften, Hobbys oder Merkmale an dir, die du mittlerweile als deine Stärken identifiziert hast.

2. Wer ist dein größtes Vorbild?

Schreibe hier dein größtes Vorbild nieder, ein Vorbild, mit dem du dich identifizieren kannst und welches eine deiner Stärken und Besonderheiten vertritt!

3. Wofür wirst du oft kritisiert?

Was scheint die Menschen zum Reden zu bringen?

4. Wer oder was schenkt dir Kraft?

Rufe dir vor allem diesen Punkt immer wieder in Erinnerung, wenn du gerade am Boden bist.

5. Worauf bist du besonders stolz?
Halte dir deine größten Errungenschaften vor Augen, wenn du Angst vor dem Scheitern hast.

6. Eliminiere toxische und negative Menschen aus deinem Leben.
Nicht alle, die dich auf deiner Reise begleiten, werden sie auch mit dir beenden. Menschen, die dir zu viel Energie rauben, hindern dich an deinem Wachstum.

7. Vergiss nicht, du bist ein Botschafter für deinen Hijab!
Lege ihn deinen Mitmenschen an und kläre sie auf.

8. Manifestere dein nächstes Ziel:
Das Niederschreiben ist eine gängige Technik des Manifestierens. Sobald es physisch oder in deinen Gedanken existiert, bist du deinem Ziel schon viel näher!

MEIN ZIEL

Nutze die Checkliste, meine Erfahrungen, meine Geschichten als Chance. Je früher du mit der Suche nach deinem Hijab anfängst, desto besser, denn einfacher oder angenehmer wird deine Reise nicht, egal, wie lang du wartest. Je eher du sie antrittst, desto eher wirst du mit ihrer Vollendung, den Erkenntnissen und den Lehren, die du daraus ziehst, belohnt.

Du kannst dich doch sicherlich noch an die Kraft des Manifestierens erinnern? So wie ich dich bitte, dein nächstes Ziel zu manifestieren, so habe ich auch genau diesen Moment manifestiert. Den Moment, in dem ich die letzten Zeilen dieses Buches schreibe, den Moment, in dem ich es hoffentlich geschafft habe, dir, vielleicht auch indirekt deinen Mitmenschen, Mut und Kraft zu spenden, und den Moment, in dem ich dir mein wahres Ich, meine Schwächen, meine Niederlagen, meine Low-Phasen, aber auch meine Stärken, meine Erfolge und meine Glücksmomente offengelegt habe. Jetzt manifestiere ich deine Entwicklung. Ich stelle mir dich vor, wer auch immer du bist, wo auch immer du herkommst oder wie du aussiehst, ich manifestiere, dass du deinen Hijab findest und ihn zu deiner Stärke machst. Ich manifestiere, dass du keine Angst mehr davor hast, du selbst zu sein, dass du dich den Bots beugst, deinen Leidenschaften folgst und zu keinem Klon wirst. Ich manifestiere, dass du lernst, wer du bist, und vergisst, wer du sein sollst. Also, was ist dein Hijab?

ANLEITUNG ZUM ANLEGEN EINES HIJABS

1.

2.

3.

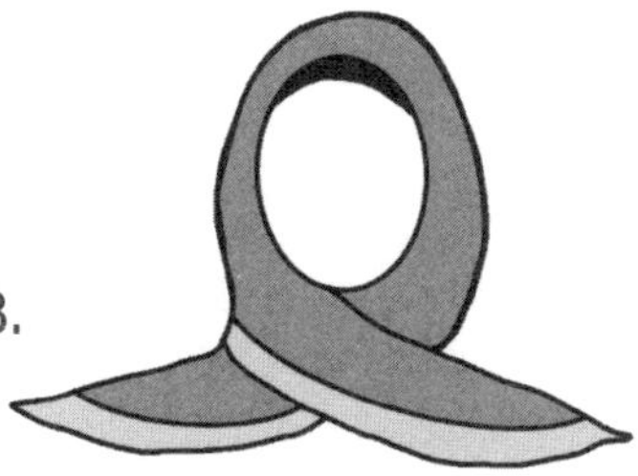

4.

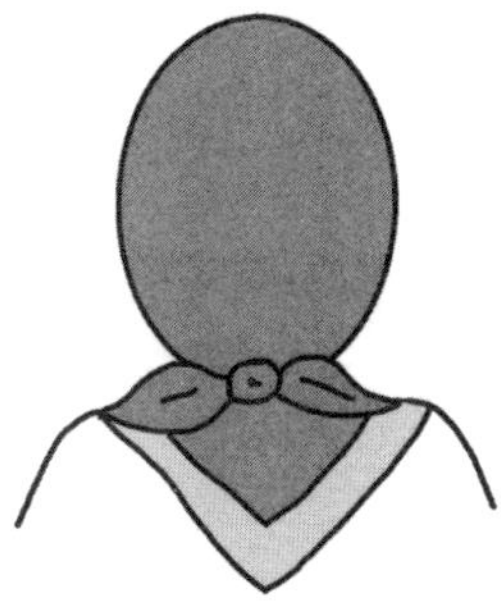

5.

LINDA LIME
Die TikTok Schule
WIE DU DICH
MIT SOCIAL MEDIA
SELBST ENTDECKST
edition a

Linda Lime,
Die TikTok Schule

»Was macht dich besonders? Worin bist du gut? Was macht dir die größte Freude? Finden wir die Antworten auf diese Fragen gemeinsam mit diesem Buch und TikTok. Ein Abenteuer, bei dem du nur gewinnen kannst!«

Linda Lime, ehemalige Lehrerin und jetzt Influencerin, macht Millionen Jugendlichen, die ihr auf TikTok folgen, ein Angebot: Komm in die TikTok-Schule und entdecke die Person, die du immer schon sein wolltest. Mit zahlreichen Tipps & Tricks für die perfekten TikTok-Videos!

Ein interaktives Buch, an dem garantiert auch Erwachsene Freude haben.

192 Seiten, 22€
ISBN: 978-3-99001-642-8